CB077655

TREINADOS PARA FERIR

COPYRIGHT © VILSON LANGARO CORRAL, 2024.
TODOS OS DIREITOS RESERVADOS À EDITORA VITROLA.

Direção Editorial
Suzanne Borela

Capa e Projeto Gráfico
Carol Palomo

Assistência de Design
Emile Kipper Pinzon

Revisão
Tayná Werlang De Carli

Assistência Editorial
Alana Fernandes

A ortografia deste livro segue o Acordo Ortográfico da Língua Portuguesa.

Dados Internacionais de Catalogação na Publicação (CIP)
(Câmara Brasileira do Livro, SP, Brasil)

Corral, Vilson Langaro
Treinados para ferir : como romper padrões de comportamento e construir vínculos saudáveis e duradouros / Vilson Langaro Corral. -- 1. ed. -- Frederico Westphalen, RS : Vitrola Editora, 2024.

ISBN 978-65-6030-031-6

1. Autoajuda 2. Autoconhecimento (Psicologia) 3. Comportamento (Psicologia) 4. Relações humanas 5. Vínculos I. Título.

24-214118 CDD-150

Índices para catálogo sistemático:
1. Comportamento humano : Psicologia 150
Aline Graziele Benitez - Bibliotecária - CRB-1/3129

Vitrola Editora e Distribuidora Ltda.
Rua das Camélias, 321 — Aparecida — CEP: 98400-000
Frederico Westphalen — RS
Tel.: (55) 3744-6878 — www.vitrola.com.br

VILSON LANGARO CORRAL
PSICÓLOGO E ESCRITOR

TREINADOS PARA FERIR

Como romper padrões de comportamento e construir vínculos saudáveis e duradouros

vitrola
Bem-viver

SUMÁRIO

AGRADECIMENTOS

Acredito em Deus, e muito! Embora nunca O tenha visto e, para falar com franqueza, nem imagino como Ele seja. Na verdade, mudei tantas vezes o que penso e imagino sobre Ele que desisti de querer entendê-lo. Porém, nunca desisti de acreditar Nele. Para mim, é a fonte de tudo. Então, minha primeira gratidão é para esse Ser Supremo, a *causa primária* de todas as coisas.

Aos meus pais, por me darem a oportunidade de conviver um tempo precioso com eles, aos quais devo todos os valores que possuo. De certa forma, aprendi com eles que o que sou (minha alma) levarei comigo a todos os lugares por onde andar e todo o resto ficará. Porque tudo, simplesmente tudo, são empréstimos temporários que devolveremos no tempo certo.

À Mari'Stela, minha companheira, esposa, cúmplice e incrível parceira. Foi amor à primeira vista. Não esqueço o dia em que a vi pela primeira vez, memória afetiva que levarei para sempre nos refúgios mais íntimos do meu coração. Depois que decidimos viver o chamado desse amor, minha vida tornou-se mais colorida. Meu verdadeiro amor! Obrigado por me acompanhar em todos os caminhos sugeridos pela vida.

Aos meus filhos Gabriel, Bernardo e Bharbara. Ter e educar filhos é desafiador. Conquistar o seu amor e respeito, mais ainda. É jornada para heróis. Quer crescer? Relacione-se com outras pessoas! Quer crescer ainda mais? Tenha filhos. A vocês devo a oportunidade de ser pai e tornar-me adulto. Obrigado, da minha alma, por vocês existirem na minha vida. Queira Deus que eu esteja sempre por perto para apoiá-los em suas batalhas pessoais.

Ao Edvanio Ceccon, advogado, excelente escritor e crítico desta obra. Homem de uma inteligência ímpar! Minha eterna gratidão pelo que fez por este livro. Se o livro pudesse expressar a sua gratidão, o faria sorrindo e agraciado pelas brilhantes correções, afinal, deixou-o com palavras esteticamente mais perfeitas ou, senão, adequadas. Colocou-se gentilmente à disposição caso eu precisasse de auxílio. Precisei! E, o mais incrível: prontamente aceitou, renunciando momentos valiosos junto à sua família, para entregar o seu melhor para esta obra e para você, caro leitor! De quebra, contribuiu com um brilhante prefácio. É uma honra para mim, tê-lo nestas páginas.

Aos pacientes da terapia de casal! O que dizer dos silenciosos apoiadores desta obra? Anônimos benevolentes que me agraciaram com suas histórias, seus erros e seus acertos, suas alegrias e suas dores, que agora estão amorosamente espalhadas entre palavras e frases por todo o livro. Em cada sessão deixaram um fragmento de si e saíram com partes de mim. Dei-lhes ouvidos e recebi magníficas histórias de suas vidas. Palavras secretas foram-me reveladas e confiadas e, afirmo, não há nenhum peso em recebê-las, pois carrego-as na mente e no meu coração. Reverencio cada casal, pelos preciosos relatos que me permitiram fazer os escritos do livro. Obrigado por escreverem junto comigo.

Aos demais pacientes individuais que me desafiam diariamente com suas tramas psíquicas, das mais simples às mais complexas, verdadeiros quebra-cabeças. É tarefa do terapeuta conceder seus ouvidos e, sempre que possível, elucidá-los mais assertivamente. Por vezes, algumas questões não serão possíveis de se resolver, mas capazes de se conviver. Também, a estes, meu sincero reconhecimento. Obs.: Os nomes das pessoas contidos nesta obra são fictícios, as histórias não!

Um carinho a todas as pessoas que buscam o amor dentro de si e o buscam também nos outros. Jamais desistam de buscá-lo, pois ele é um excelente caminho para aprimorar a capacidade de amar. É o amor que rompe as muralhas e permite chegar mais longe, a lugares jamais sonhados.

A todos os casais que buscam a sua evolução pela jornada dos relacionamentos. É através deles que construímos a maravilhosa arte de amar e deixar-se ser amado. Dar e receber são as duas faces do amor. A maioria tem uma das faces mais aperfeiçoada. Há que se buscar evoluir na outra. O equilíbrio entre o dar e o receber revela a forma adulta do amor.

Aos leitores do meu primeiro livro, que solicitaram novos escritos sobre a temática *relacionamentos*, matéria infinita e imensamente atraente. Afinal, o que mais marca nossa vida? Não são as pessoas? Nos melhores momentos da nossa existência, pessoas não estiveram presentes?

E por fim, ao amor! Se ele o chamar, escute-o. Se ele pedir que o siga, siga-o. Mas saiba que ele não traz somente paz ao coração: pode trazer tristezas, mas em compensação pode trazer diferentes alegrias.

NÃO VIVER O AMOR É PERECER POR FALTA DELE!

PREFÁCIO

Uma professora de literatura de São Paulo, Jeanne Marie Gagnebin, disse que os escritores são como catadores de resíduos: vão colhendo fragmentos aqui e ali, por onde passam, sem a certeza de que serão úteis. Depois, juntam tudo e constroem um grande mosaico, percebendo as sutilezas daqueles fragmentos, os sentidos ocultos que os ligam, formando o todo. Assim nascem as histórias. E aqui está a riqueza do ato de escrever: observar, perceber, sentir as pequenas coisas e, só então, revelar sua essência através das palavras. Não é à toa que muitos dizem, depois de ler um bom livro, "Eu poderia ter escrito isso!". Claro, os fatos estavam por aí, soltos no mundo, mas era preciso o olhar atento do escritor para coletá-los e dar-lhes sentido. Do contrário, os fatos permaneceriam como são, verdadeiros anônimos caminhando na multidão. No caso do Vilson, o local de coleta dos fragmentos é privilegiado.

O autor é terapeuta de casais há mais de vinte e cinco anos. Pense na quantidade enorme de fragmentos que foram depositados no seu consultório durante esse tempo. Como disse o Nei Lisboa naquela música: "Todas as bobagens que eu já disse, dariam pra encher um caminhão". Provavelmente as *bobagens* ouvidas pelo autor também dariam, mas seu olhar atento aprendeu a selecioná-las cuidadosamente, como faz o catador de resíduos depois de perambular pelas ruas da cidade, no final do dia. Seja pela sua repetição, seja pelo seu impacto, seja pela sua importância, o terapeuta foi guardando aquelas *bobagens* nas prateleiras da sua mente, ciente de que um dia seriam úteis para revelar a complexidade do casamento, *essa magnífica instituição que brota do amor*, como ele mesmo diz. Então, aqui acaba a figura de linguagem metafórica e as *bobagens* merecem ser chamadas pelo que realmente são: pequenas joias sentimentais, lapidadas pelas mãos habilidosas do Vilson.

"Esta obra segue a essência da da primeira, *Casamento — como ferimos, como curamos*. A matéria-prima dos escritos foi coletada dentro do meu consultório com histórias de pessoas reais, porque acredito que dão mais veracidade às palavras". É disso que este livro trata, caro leitor: traduzir as reações e os sentimentos confusos dos casais que procuraram ajuda do terapeuta Vilson, descobrindo o que está por trás deles, suas origens, suas motivações, na maioria das vezes herdadas do relacionamento dos próprios pais na primeira infância, como se verá. Depois de descortinadas estas reações e sentimentos, elas podem, então, ser modificadas pelo casal.

Jogando-se luz sobre aquelas zonas escuras, elas tornam-se menos ameaçadoras, deixam de ser monstros para serem animais domesticáveis, pets. Dificilmente, sem a ajuda do terapeuta, consegue-se esse propósito. O normal é a relação conflituosa consumir-se em si mesma, engolfada num turbilhão de acusações, culpas, violências físicas ou psicológicas. É possível salvar-se desse *buraco negro* com a ajuda do terapeuta. E veja que barbada, leitor: pode-se salvar somente com a leitura atenta desse livro, que tal? Talvez o autor não goste dessa possibilidade e prefira que o casal o procure após a leitura para agendar umas sessões... Mas é um risco que ele corre por conta da excelência da obra. Por isso, deixo ao leitor fazer a escolha. De qualquer modo, o autor-terapeuta estará reconhecido e recompensado.

Uma observação que me parece importante: Vilson não é um *santo casamenteiro*, como uma leitura superficial possa sugerir. Ele não defende a permanência do casamento a duras penas e sob quaisquer condições, *para poupar os filhos do trauma da separação*, ou *para não decepcionar os pais ou os amigos*. Definitivamente, não é isso que ele propõe. Casos há em que, depois de tudo visto e examinado, a separação seja inevitável, pois descobre-se que não há mais o elo mágico que unia ambos, lá no início.

O que o autor propõe — e aqui, caro leitor, está a riqueza da obra — é que tudo seja revisado no relacionamento antes de uma decisão precipitada. É descer aos porões da alma e ver o que está escondido por trás das reações e animosidades. É entender como cada um funciona, o proclamado *autoconhecimento*, para só depois entender como o casamento funciona. Numa só palavra, é levar o casal ao amadurecimento. Por mais dolorido e trabalhoso que seja, vale a pena, pois o que está em jogo é muito importante: decidir se continuam juntos ou se seguem caminhos diferentes. Pelos números do Vilson, àqueles que se arriscaram na jornada, o casamento não só resistiu, como também se fortaleceu, ficou melhor, mais adulto, mais verdadeiro. As separações foram minoria e, mesmo assim, foram menos traumáticas, como resultado de uma decisão consciente e madura. Então, não há dúvidas de que os ensinamentos do autor são preciosos e merecem leitura e reflexão.

Uma última observação, caro leitor. Muitos dos conceitos e situações na obra parecerão óbvios e você dirá: "Ah, mas isso eu já sabia". De fato, alguns são mesmo, mas lembre-se: é por esquecermos do óbvio que sofremos. É preciso que alguém venha sussurrar no nosso ouvido, "Vocês esqueceram de viajar juntos? Vocês deixaram de se dar presentes? Quando deixaram de se respeitar na frente dos filhos?". São essas obviedades que vão acontecendo lentamente, na monotonia dos dias, sem nos darmos conta e, quando vemos, uma fratura está aberta, prestes a se tornar um abismo. Então, embora pareça contraditório, é preciso que um terceiro, com olhar imparcial, venha nos dizer o óbvio, mas com uma base científica que o ampara, como é o caso do Vilson. Parece que o que era um mero conselho de um amigo ganha força, ganha peso, ganha relevância. Esse fenômeno de mudança de significado não é do acaso. É resultado de anos de estudo de Freud, o pai da psicanálise que desvelou a alma humana, e dos demais autores que o sucederam. Mas, principalmente, é resultado da observação *in loco* do terapeuta (e não dos *loucos do terapeuta*, me entenda bem), assistindo diariamente aos mais complexos personagens e suas reações maravilhosas na *novela* do seu consultório. Creia-me, caro leitor, nem o melhor editor de novela criaria algo tão rico quanto o que o autor presenciou e, agora, lhe dá de presente nesse livro. Desejo-lhe, sinceramente, uma boa leitura.

Atenciosamente,
Edvanio Ceccon
Advogado e escritor

APRESENTAÇÃO

Novamente encontro-me por aqui. Realmente, jamais havia pensado em tornar-me escritor. Mas, pelo jeito, a vida está me guiando por mais este caminho. Sem perceber, a todos os caminhos que a vida me chamou, eu segui.

Escrever é arriscar-se, é desnudar-se, é revelar a intimidade do pensamento e do sentimento, é abrir a casa para pessoas estranhas, porém acolhedoras. É estar disponível para dar e talvez para enfrentar contradições ao que foi escrito. Entendo como processo natural, afinal, não há nenhuma possibilidade das pessoas pensarem de forma idêntica, o que caracteriza uma das grandes riquezas da humanidade.

Após anos de escuta atenta como terapeuta de casal, motivei-me a escrever alguns livros sobre a temática *relacionamentos*. A ideia inicial foi de contribuir, de trocar, de compartilhar. É como dizem: "Somos o que espalhamos, não o que juntamos"; "Somos o que damos, não o que temos". Penso que a intenção revela o caráter, sempre!

Freud sabiamente disse: "Em última análise, precisamos amar para não adoecer". Uma coisa eu reconheço: coloquei amor em tudo o que fiz e por todos os caminhos em que andei. É provável que, quando estive com muita dor, foi porque ausentei-me do amor. Naqueles aflitivos momentos, eu me afastei dele, não ele de mim. Não me culpo, afinal, era o meu processo evolutivo.

Esta obra segue a essência da primeira, *Casamento — como ferimos, como curamos*.

A matéria-prima dos escritos foi coletada dentro do meu consultório com histórias de pessoas reais, porque acredito que dão mais veracidade às palavras. Logicamente, os nomes foram trocados para preservar sua privacidade.

Os mais *antigos* já diziam: "Quem come uma maçã por dia, raramente vai ao médico". É isto que este trabalho deseja: que se aprenda a lidar com os conflitos diariamente, antes que a relação caminhe para o seu próprio ocaso, para a sua própria CTI (Centro de Terapia Intensiva), para o seu próprio e derradeiro fim.

Após incontáveis sessões observei, na realidade da vida conjugal, muitas tragédias no sítio dos sentimentos, algumas naturais, outras não. Por vezes, após decepções profundas, algumas pessoas nunca mais foram as mesmas. De fato, alguns eventos podem praticamente *destruir* partes de uma pessoa. Contudo, muitos encontram forças dentro de si que jamais imaginaram ter, tornando-se mais fortes do que algum dia foram ou sonharam ser. Um fato constatado: nos conflitos, as pessoas acabam mostrando o seu pior ou o seu melhor, isto é, sua real essência.

Este livro é dedicado tanto aos que buscam quanto aos que evitam relacionamentos, tanto aos que procuram quanto aos que dele se defendem. Ambas as atitudes estão ligadas ao amor. Parece que nossa tarefa primordial é procurar o amor, porém, antes necessitamos encontrar as defesas, armaduras e muralhas que erguemos de forma sólida, contra aquilo que tanto buscamos: o próprio amor.

Tudo, em última instância, está ligado ao amor. O amor é a grande força motriz que move tudo e todos, e está presente onde há vida. Encontramos esta magnífica tecnologia, que é a causa primária da vida, também nos reinos vegetal e animal.

Procurei, nesta obra, olhar as relações iguais no binômio microscópio X telescópio: um mostra-nos o quanto podemos ser grandes, enquanto o outro mostra-nos o quanto podemos ser pequenos.

"Quem planta tâmaras, não colhe tâmaras". Escutei este ditado de um querido paciente, que o ouviu pela primeira vez de seu estimado pai, sendo que este, provavelmente, também ouviu de seu pai, e assim por diante. Isso porque, antigamente, as tamareiras demoravam entre 80 e 100 anos para começarem a produzir seus frutos e a expectativa de vida das pessoas, na época, era muito inferior se comparada à atual. Logo, não havia como desfrutá-las. Hoje, com as modernas técnicas agrícolas, as tamareiras iniciam a produção com, no máximo, 10 anos de vida.

Paralelamente, na sementeira do amor da vida conjugal, podemos plantar sementes e demorar anos para que ocorra a colheita e para saborear o doce néctar de seus frutos. Coisas sólidas podem demorar meses, anos ou mesmo algumas décadas para que tenham consistência e a segurança afetiva tão desejada, sinalizando a construção edificada da saúde psíquica do casal.

O QUE É MAIS IMPORTANTE? MÃOS QUE PLANTAM OU MÃOS QUE COLHEM?

O amor é desafiador em quase todos os momentos e das mais variadas formas. Constantemente há algo para construir, para ajustar. O amor na forma adulta dá trabalho e tem sofrido vários infortúnios antes da maturidade do casal. O amor em si é maduro, pronto, disponível para que as pessoas e as relações desfrutem dele, não havendo necessidade de reformas. Já as pessoas precisam de melhorias sim, e os problemas sempre se apresentam como um teste com que se examina a evolução do indivíduo ou do casal. Com muita frequência, a maturidade emocional da pessoa caracteriza-se por: a) não criar problemas para si ou para outrem; b) quando eles surgem, pela capacidade e destreza para resolvê-los de forma autônoma.

Via de regra, os homens têm se mostrado mais imaturos para relacionar-se, pois continuam errando mais do que as mulheres. Entretanto, as mulheres têm se revelado mais abandonadoras dos relacionamentos. Estatisticamente, são elas que estão indo embora dos casamentos. Isto equivale a dizer que ambos têm muito a crescer nesta magnífica instituição chamada casamento.

Quem demonstra que os casamentos estão tendo problemas são os estudos, as estatísticas, os números crescentes de separações. A reportagem do GZH (Gaúcha Zero Hora), Revista Donna, de Caue Fonseca, de 28 de setembro de 2016, em consulta aos dados do IBGE (Instituto Brasileiro de Geografia e Estatística) de 2015, mostra números alarmantes: em dez anos, no nosso país, o número de divórcios cresceu em torno de 160%. Em outra matéria publicada pelo Jornal Estadão (Veja) em 2017, sob o título *Um a cada três casamentos termina em divórcio no Brasil*, dados extraídos do IBGE mostram uma realidade indesejável e preocupante para muitos. Com a pandemia os números dispararam ainda mais.

Números mais recentes divulgados pela revista Exame em 27 de março de 2024 confirmam o avanço dos divórcios. Os brasileiros têm se divorciado cada vez mais e mais rápido. Segundo o IBGE, nos dados coletados nas estatísticas do Registro Civil, em 2022 houve 1 divórcio para cada 2,3 casamentos. O tempo médio entre a data do casamento e a data da separação em 2010 era de 16 anos, ao passo que em 2022 caiu para 13,8 anos.

O ROMANTISMO, SOZINHO, NÃO TEM SIDO CAPAZ DE PROTEGER OS CASAMENTOS

Será possível que os casamentos estejam caminhando para a sua extinção? Estamos nos tornando narcisistas? Estamos tendo dificuldades para amar e, apenas, desejando ser amados?

A bem da verdade, o maior preço é sempre pago por aqueles que amamos e, por conseguinte, ferimos os que estão mais perto.

Após milhares de sessões, no meu consultório, as pessoas me segredaram baixinho: o amor é para os fortes, o amor é para os adultos, o amor não é para os desertores. Enfim, o amor é para gente grande, pois ele é extremamente desafiador!

A maturidade, no território dos sentimentos, é para quem quer, para quem a procura, jamais vem de graça. Ela deve ser construída e, particularmente, desconheço outro caminho.

O relacionamento envelhece lentamente, como tantas outras coisas que vivemos e, o pior, podemos não perceber. Contudo, a dor é incômoda inquilina que clama nos escaninhos mais íntimos do coração, suplicando que olhemos para a relação que nós mesmos construímos.

O casamento tem suas dificuldades, seus desafios, seus momentos complicados. Este livro retrata, com riqueza de informações, várias situações complexas do cotidiano das relações, que podem ocorrer em qualquer casamento.

Por outro lado, qual outra instituição pode dar tanto? Em qual instituição podemos encontrar proteção, segurança emocional, colo, amor, cumplicidade, parceria, sexo seguro, filhos e uma família?

QUAL OUTRA INSTITUIÇÃO PODE NOS DAR UM LAR?

Dos casamentos nascem as famílias, e elas são a base de TUDO, inclusive dos melhores valores que alavancam a humanidade. É esta nobre instituição que é a base da saúde mental da humanidade, embora também cause danos. A família é conhecida como a maior fábrica do mundo que produz afeto, segurança e humanidade. Basicamente, todas as pessoas que possuem saúde mental deveriam reverenciar a família, ao menos em seu íntimo, pois foi ela que lhes deu os fundamentos saudáveis para uma vida leve e feliz.

QUAL BEM PODERÁ SER MAIOR DO QUE A FAMÍLIA?

Desejo ao querido leitor que desfrute desta obra. Há escritos que podem mudar a realidade de muitas relações, se assim desejarem os realmente interessados. Como já foi na primeira obra, a linguagem é simples e afetiva, porque entendo que estas duas *tecnologias* são as que realmente podem tocar o coração das pessoas. "A simplicidade é a máxima sofisticação" (Leonardo Da Vinci).

Por fim, o casamento não seria a evolução do amor entre duas pessoas que verdadeiramente se querem?

∞

Quanto a mim, procuro ser benevolente comigo quando erro. Aprendi, com os anos, que a bondade é mais doce e mais terna que a rudeza, que a autocobrança, que a culpa. Entendo que estou em um processo de aprendizagem, então o erro faz parte.

Não sou de querer controlar o futuro, eu acredito na vida, em destino, que existe uma Guiança por trás de tudo, e que tudo acontece por uma razão. Sou desses. Sinto-me mais leve assim, afinal, é um peso querer controlar tudo.

Compreendi, desde muito cedo, que este planeta é um planeta-escola carregado de lições e ensinamentos, e que se a gente errou, a conta vem. Também, há tempos, alcancei o entendimento de que eu sou o autor da minha vida, e o único responsável por tudo o que já me aconteceu, tudo o que me acontece e o que irá suceder-me, tanto positiva quanto negativamente.

Raríssimas vezes coloquei-me de vítima, mesmo nas situações mais complexas, pois aprendi a posicionar-me. Posicionamento é uma palavra-chave para o crescimento pessoal. Quem não se posiciona, corre o risco de colocar suas escolhas em mãos alheias, nem sempre mais sábias. Caí em ciladas e armadilhas como qualquer pessoa, por pura negligência, inocência, ou por não percebê-las estampadas na minha frente, tendo, às vezes, a ingenuidade como guia; e é um erro primário colocá-la como conselheira majoritária.

Em cada obra, entrego o meu melhor, a minha melhor versão porque compactuo com a máxima que acredito ser uma Lei da Vida: "Tudo o que você dá, retorna a você, simplesmente tudo"!

Boa leitura!

Capítulo 1

UM CASAMENTO — VÁRIOS PRESENTES

Amar não é olhar um para o outro, é olhar juntos na mesma direção.
Antoine de Saint-Exupéry

O casamento é um tesouro de altíssimo valor em função de tudo o que tem a oferecer.

- **O primeiro grande educandário** — estabelecimento que recebe educandos — que encontramos na vida é a família, sendo que os professores desta escola são os pais.
- **O segundo grande educandário** é o casamento. Aquilo que a primeira escola não conseguiu ensinar ou que nós não quisemos aprender, mesmo com as valiosas lições que os pais nos deram, o casamento poderá dar, mas com lições mais duras. Aqui os professores são: os cônjuges, as regras, os contratos e os acordos. Ou aprendemos a seguir as regras e o que essa sagrada instituição propõe, ou será difícil nos manter dentro dela.

A sociedade, como instituição, tem por finalidade o bem comum. O casamento, sendo uma sociedade de afeto, também busca o bem comum. Bem comum tem como ideia principal que o todo é mais importante do que a parte, que o coletivo é mais relevante do que o indivíduo, que o bem individual deve ficar em segundo plano. Dentro do casamento, os movimentos substanciais buscam atender aos desejos e às necessidades de ambos, preservando sempre que possível a essência de cada um.

A FELICIDADE DO CASAL SE DÁ PELO TANTO DE CONTRIBUIÇÃO QUE AMBOS INVESTEM NA RELAÇÃO

Toda contribuição para a relação é sempre compreendida como ato de amor e bondade. Tratam-se de rituais simples, mas de grande valor e significado. A contribuição pode começar cedo, pela manhã. Ao acordar, você terá sempre a mesma pessoa, ali, junto de você. Este pode ser seu primeiro prazer do dia e lhe fará bem.

> ACORDAR COM ALGUÉM QUE AMA PODE SER A PRIMEIRA DOSE DE UM EXCELENTE ANTIDEPRESSIVO DO DIA.

Quanto mais você acordar com essa pessoa, mais vai querer. É viciante. Nos dias em que acordar sozinho, por algum motivo, sentirá sua falta. Isso se chama vínculo, parceria, cumplicidade, dependência amorosa.

Esse apego é fundamental para nutrir os mecanismos do amor, e pode ser visto como uma bênção para os que o conseguiram construir.

Para muitos, só se descobre o valor das coisas e das pessoas quando não se tem mais, parece que é somente na perda e no luto que se compreende o verdadeiro valor daquilo que se perdeu.

> TOMAR CAFÉ JUNTOS PODE SER A SEGUNDA DOSE DE ANTIDEPRESSIVO DO DIA.

Você pode encontrar prazer em fazer o café, preparar as coisas que seu amor gosta, pode encontrar prazer nos detalhes. Pode encontrar imensa alegria apenas por desfrutar daquilo que foi preparado para você com muito carinho, mesmo após anos de convivência. Muitos casais conversam alegremente no café, despertam ativos e vibrantes, cheios de energia. Certamente, é um excelente estímulo para que cada um consiga enfrentar suas dificuldades nas batalhas do seu cotidiano, que, muitas vezes, são duríssimas. Outros, contudo, acordam aos poucos, nem sempre bem-humorados, não querendo conversar muito, e mesmo assim a cumplicidade e a parceria mantêm-se presentes. Ainda que silenciosamente, existe uma expressão carinhosa e respeitosa com o outro.

> FAZER A REFEIÇÃO DO MEIO-DIA JUNTOS PODE SER A TERCEIRA DOSE DE ANTIDEPRESSIVO DO DIA.

Ao retornar do trabalho, do turno da manhã, muitos conseguem fazer a refeição do almoço juntos. Ao menos deveriam. Uma família torna-se mais afetiva e funcional somente pelo fato de as refeições serem feitas com todos à mesa. O fato de estarem juntos reforça o vínculo, o apego e o afeto, levando a família ou o casal a permanecerem mais próximos um do outro. Estar presente na vida do outro torna o abraço mais gostoso e mais difícil de largar.

> *VÍNCULO* É A PALAVRA-CHAVE PARA QUALQUER RELACIONAMENTO.

Nesses preciosos momentos é possível encontrar muito prazer na companhia do cônjuge, mesmo que seja na correria do dia a dia. Estar junto da pessoa que amamos pode ser um dos maiores prazeres e alegrias da vida. Aliás, quanto mais fontes de prazer e de bem-estar um casal se propuser a dar um ao outro, mais maravilhosa e abastecida será essa relação.

> EM CASA, À NOITE, PODEMOS NOS SERVIR DA QUARTA DOSE DE ANTIDEPRESSIVO DO DIA.

A noite é, para muitos, a melhor parte do dia. Que paradoxo! Quantas pessoas têm ansiedade para retornar ao lar. Não veem a hora de estar em casa, tamanha a vontade de reencontrar seu benquerer. Essa realidade pode durar anos, uma vida, se ambos trabalharem e investirem de verdade no relacionamento. Quanta coisa pode ser feita com exclusividade nessas mágicas horas.

O casal que se ama, não se enjoa. Nunca! Aliás, são inebriados com a companhia um do outro e fazem de tudo para se viciarem ainda mais nesses momentos.

Inúmeros rituais podem ser criados. Planejar uma bela ceia, o que irão comer, o que irão beber, um organiza a mesa, o outro a cozinha. Um serve o alimento, o outro a bebida. Os rituais que envolvem o alimento são rituais de afeto, de vínculo e de presença. Dar de comer e de beber é um simbolismo clássico de dar amor. Ver o outro deliciar-se com o afeto que você produziu é momento maravilhoso e muitos sabem fazer desses momentos uma das melhores coisas que um casamento pode proporcionar. Não é à toa que é fácil ganhar uns quilos depois do casamento, uma vez que o amor nutre o corpo e a alma. Porém, são quilos resultantes dos maravilhosos rituais oriundos do afetivo alimento. Pode não ser tão estético. Uns preferem a estética, outros a felicidade, outros os dois, e há também os que aparentam não querer nenhum.

Depois da ceia, um bom filme, uma instigante série, um delicioso e aromatizado chá ou café, juntos ou abraçados; são apenas fragmentos das inesperadas e gratas delícias que uma boa companhia pode trazer. Quem construiu isso sabe o quanto essas pequenas coisas preenchem o corpo e a alma. Depois de construído, quem ousaria jogar fora ou sabotar? Infelizmente, muitos.

Esse enamoramento é a preliminar da máxima entrega que ainda está por vir: o sexo com tesão e com amor. A receita está completa. É só desfrutar.

Acontecem muitos *crimes* durante a madrugada. Entre os casais, há um desejo silencioso de *matar de amor* seu benquerer. Esses *crimes* envoltos de desejo, sexo e amor são delitos perdoáveis e não previstos nas leis dos homens. Matar e morrer de amor é binômio entre os amantes apaixonados e entregues ao prazer sem freios ou culpas. Na vida amorosa do casal, o prazer, a entrega e a liberdade de expressar sua sexualidade é território sagrado. Esses *delitos* trazem vida, alegria e prazer aos amantes que investem no amor que os mantêm próximos e unidos.

> NESSES INSTANTES, A QUINTA DOSE DE ANTIDEPRESSIVO DO DIA É MINISTRADA.

Essas doses tornam mais doce os sonhos dos que sonham, e dos que não lembram que sonharam.

Na madrugada, gratas demonstrações de afeto podem se manifestar. Um chá ou um medicamento quando alguém estiver adoentado é um exemplo. Caso precise de assistência em função de alguma enfermidade, a pessoa vai estar ali; *na saúde e na doença*. Caso algum pesadelo assombre os sonhos, terá alguém para afagar o peito e acalmar suas angústias, e dizer que foi somente um sonho ruim e que tudo ficará bem. Demonstrações amorosas e carinhosas podem ocorrer espontaneamente no meio da madrugada ou junto do despertar do Grande Astro. Ainda, se a incômoda insônia roubar o precioso sono reparador, terá alguém para trocar algumas noturnas palavras.

Durante o dia, muitos trocam telefonemas, mensagens de carinho e apoio, desejando bom dia, boa viagem, bom trabalho, boa reunião, boa sorte na entrevista do novo emprego, etc. Alguém que apoie, que torça, que estimule, que empurre ou ampare quando necessário, que cuide, que admire, entre tantas outras qualidades. São gestos vitais para a saúde mental.

Ter alguém para pensar, para sorrir, para pedir e para doar, é de uma riqueza infinita. Meu avô Alexandre tinha razão! Mil vezes ter do que não ter. Casamento também significa que a vida do outro será a minha vida e vice-versa. Ambos serão uma coisa só, das duas partes se faz outra. Há grandes chances de nunca mais se sentir só, nunca mais. Melhor ter alguém para brigar, discutir, questionar, chatear-se, do que não ter ninguém. Isso dá vida à nossa vida. Lembro que escutei uma vez meu avô materno, que gostava muito de cachorros, confessar: "Melhor ter um cão pulguento do que não ter nenhum".

Meu avô disse, em outras palavras, em metáforas, que ter alguém para se relacionar torna a nossa vida muito mais digna e rica.

Como é maravilhoso ter por perto alguém que sonha, que soma, que pega junto, que escuta, que fala, que pergunta e que responde. Afinal, dois têm mais força do que somente um. Incrível ter toda essa abundância com a mesma pessoa. Tudo isso com segurança, sem correr riscos desnecessários de exposição a doenças como hepatite C, gravidez indesejada ou ainda casos mais graves, como o tenebroso time das ISTs (Infecções Sexualmente Transmissíveis).

Casamento pode trazer plenitude e paz. Nos momentos em que mais precisamos, é precioso ter alguém para compartilhar a angústia, a dor e o prazer que nosso coração aflito necessita. É só saber desfrutar desse relaxante benefício; casamento é para isso também. É para ser socorrido, amado, acalmado, afagado, cuidado e para contribuir com a paz da alma.

CASAMENTO TAMBÉM SERVE PARA EXERCITARMOS NOSSO CORAÇÃO

O casamento é um bom lugar para treinarmos nossas habilidades na arte de amar e de demonstrar em palavras, gestos e atitudes o que sentimos pelo outro. Entretanto, por vezes, poderá ser o lugar mais difícil para demonstrar nosso amor em sua melhor versão. Por incrível que possa parecer, o que mais aproxima tem sido também o que mais fere: a intimidade. É um surpreendente paradoxo. Quanto maior é a intimidade, maior é a possibilidade de demonstrarmos nossa irritação, nosso azedume e nossos maus-tratos.

Em geral não ferimos os outros de forma inconsequente, não xingamos facilmente colegas de trabalho ou estranhos. Para estes, nós utilizamos uma espécie de máscara social, um verniz comunitário levemente polido. Vontade temos, mas esses mecanismos de proteção contra os outros funcionam de forma mais efetiva do que com os mais próximos. Todos nós precisamos eventualmente *soltar a bicharada* que mora dentro de nós. Para isso, existem as caminhadas, as academias, o boxe, as artes marciais, o futebol, enfim, locais preparados para tal finalidade, onde liberamos nossa agressividade de forma aceitável e saudável.

É covardia extrema nos valermos do parceiro como *saco de pancadas* ou depositário de nossas frustrações.

As pessoas íntimas fazem parte da gente. São partes de nós. O pai, a mãe, os irmãos, os filhos, o cônjuge. Quando a intimidade está assegurada, garantida, nós passamos a enxergar os outros como se eles fossem nós mesmos, como uma parte nossa, estendida. Por isso, quando estamos irritados, soltamos as patas nas pessoas que mais amamos, em que mais confiamos, porque vemos nelas um pedaço de nós que vive fora da gente, em um outro corpo, como se nos pertencesse. Acreditamos cegamente que eles sempre irão nos perdoar, mas isso não é verdade. Mesmo o mais paciente dos agredidos tem seus limites. Um dia pode cansar e se rebelar.

∞

As contribuições continuam... Quando chegarmos estressados do trabalho, fatigados da vida, decepcionados com algo, teremos alguém para nos ouvir mesmo que não seja a melhor escuta. Porém, essa escuta nos fará bem. O cônjuge poderá nem saber dizer muita coisa devido à complexidade do problema, mas fará um chá, um café com bolo ou um sanduíche. Isso não tem como precificar. Essas atenções traduzem-se em paz de espírito!

> QUAL SERIA A MAIOR RIQUEZA SENÃO A PAZ DE ESPÍRITO?

Quando há paz de espírito, a angústia, a ansiedade ou qualquer outra possibilidade de sofrimento não sobrevive. Nada de ruim resiste em um ambiente onde há paz no coração. Que tesouro! Quem a perdeu, mesmo que momentaneamente, perdeu tudo. E quem a tem, encontrou um verdadeiro patrimônio emocional e espiritual.

E os filhos? O que dizer dessas joias que trazem mais completude ao casamento? Querendo poderão ter um, dois, três ou mais, que irão preencher verdadeiramente uma casa, transformando-a em um lar, com todas as alegrias e demandas que só os filhos trazem. Então, apesar das muitas e desafiadoras dificuldades que um lar proporciona, será possível sentir que a vida estará mais completa e, lá adiante, algum dia, olhar para trás e compreender profundamente que criou uma história e um legado valiosos.

Há aqueles que, por alguma razão, não desejam ou não podem ter filhos. Também podem construir um maravilhoso lar, uma vida preenchida com as riquezas que julgam serem apropriadas para si. Da mesma forma, podem construir uma sólida felicidade com uma conjugalidade de dar inveja, desfrutando de uma liberdade inigualável.

Se tiver bons cuidados consigo e um pouco de sorte, poderá ver, no decorrer dos anos, no horizonte, o seu próprio crepúsculo se aproximando. Ainda assim, terá tempo de reparar o máximo de erros, que de alguma forma cometeu com aquelas pessoas que fizeram sua história valer a pena.

Com tenra alegria no coração, poderá reconhecer que alcançou o entendimento de que a vida é uma aventura do início ao fim, e que todos os personagens que cruzaram seu caminho fizeram-no por alguma razão.

Mesmo sabendo que jamais vai entender o significado de muitas coisas que viveu, mesmo assim, acatará com as forças do coração todas as experiências vividas com aquelas pessoas que o destino lhe reservou conviver.

LEMBRE-SE:

- A vida conjugal recomeça todos os dias.
- Os que conseguem permanecer no casamento poderão desfrutar de suas dádivas.
- Casamento não é algo que se tem. É algo que se constrói, é processo inacabado, é *namorar até o final*.

OS INVESTIMENTOS FEITOS NO AMOR SÃO OS TESOUROS QUE LEVAREMOS PARA ONDE FORMOS.

Capítulo 2

ACORDOS E CONTRATOS

Você erra todo arremesso que não tenta.
Michael Jordan

Os contratos e acordos fazem parte de todos os relacionamentos, não importa o modelo do casamento, se é tradicional ou não. *Não é somente* o amor que pode tornar um relacionamento bem-sucedido, mas também uma série de combinações, regras, comprometimentos e cumplicidades.

Um relacionamento verdadeiro não sobrevive sem seus contratos, pois eles reafirmam e protegem a relação.

Os contratos emocionais são como uma espécie de códigos de ética que regulam as atitudes aceitáveis e inaceitáveis dentro de uma relação. Nestes acordos previamente discutidos, ambas as vontades e desejos devem ser escutados. Por vezes, a diferença cultural, religiosa ou comportamental é muito divergente entre o par. Neste instante entram outros aspectos importantes em cena: o primeiro é o elemento *negociador* (negocia a dor) — a instância que regulamenta a dor de um a partir da dor do outro. Caso os acordos fiquem dificultados, outra ferramenta deve ser evocada: o elemento *facilitador ou mediador* — instrumento precioso para facilitar a boa negociação justa e acordada entre ambos. Normalmente este último elemento vem de fora da relação, com a ajuda técnica de psicólogos e terapeutas de casais.

Todos os contratos devem ser revisados de vez em quando, para que as bandejas da balança tenham seus pesos acomodados.

Nem todos os acordos são verbalizados ou documentados. Alguns são silenciosos e nem por isso perdem em importância. É uma linguagem tácita que a todo momento pode ser revisada.

Quando uma pessoa se casa no civil ou no religioso, por exemplo, firma contrato perante um juiz de paz, perante um padre, perante os pais e padrinhos como uma tentativa de proteger o casamento.

OS PADRINHOS SÃO OS GUARDIÕES DOS NOIVOS E DOS CASAMENTOS

O modelo dos cerimoniais dos casamentos da atualidade nasceu no *Concílio de Trento* (1545-1563), conjunto de decretos dogmáticos sobre a fé e a disciplina da Igreja Católica, dentre os quais foi criado o Sacramento do

Matrimônio. Até então, para duas pessoas se considerarem casadas bastava fazerem o voto entre quatro paredes sem que ninguém mais presenciasse o ritual. Devido a uma série de problemas, especialmente as facilidades com que os contratos eram descumpridos, a Igreja passou a considerar o casamento legítimo apenas em circunstâncias especiais. Deveria ser realizado por um pároco junto a mais duas testemunhas. A partir deste contrato instituído pela Igreja, o número de separações caiu vertiginosamente por muitos séculos.

PRECISAMOS DE CONTRATOS SOLENES PORQUE SOMOS FALHOS!

Precisamos de papel e testemunhas, já que em algum momento os estudiosos compreenderam que eles dão garantias, resguardam as pessoas, suas relações, limitam possibilidades danosas, ampliam a segurança do próprio casal e das pessoas em geral.

Na instância do amor e do afeto, os contratos não são absolutos, isto é, podem existir variáveis e elas podem causar rupturas e falhas. O contrato do casamento dos católicos é chamado de *votos de casamento*: "Prometo estar contigo na alegria e na tristeza, na saúde e na doença, na riqueza e na pobreza, amar-te e respeitar-te até que a morte nos separe". É lindo e romântico, mas o tempo acordado no contrato é *para sempre*. Pode ser um tempo longo demais para ser cumprido com maestria.

No íntimo, sabe-se que nada é para sempre. São promessas difíceis de cumprir, tanto é que nos últimos dez anos o número de divórcios no Brasil cresceu 160%, conforme já vimos. Os fatos falam por si.

Quando acontece um divórcio, significa dizer que alguém não cumpriu algumas regras do acordo. Alguns já se separaram uma, duas ou até mais vezes. Faz parte, porém fica evidente que essas pessoas não são boas em cumprir os contratos firmados por elas mesmas.

A rigor, são as regras que mantêm uma relação. São os acordos diários que mantêm um casamento. A relação é colocada em perigo quando as questões básicas do cotidiano não são cumpridas: horário de chegar em casa, a fidelidade prometida, não gastar acima do planejado, ser responsável com os filhos, ajudá-los nas dificuldades escolares, ser prestativo nas tarefas domésticas, consertar as coisas da casa, valorizar o cônjuge, diminuir o consumo do álcool, comprometer-se mais com a família, trabalhar menos e assim por diante.

O amor ajuda, e muito, a manter um casamento. Entretanto, cabe a pergunta: mesmo tendo amor, se as regras não forem cumpridas, o casamento realmente terá longevidade?

O PARCEIRO QUE DESCUMPRE OS ACORDOS PODE SER INTERPRETADO COMO IMATURO PARA RELACIONAMENTOS?

É necessário entender que ninguém ama todos os dias. A magia do amor de um casal nem sempre é estável e bem qualificada. É quase impossível manter o amor em um nível elevado na maioria dos momentos. Existirão situações em que ambos vão querer fugir um do outro, vão desejar ficar afastados, especialmente após algum fato decepcionante. Ou ainda, irão querer, com muita vontade, se separar e não cumprir o que foi prometido nos contratos. Muitas coisas ruins e muitas variáveis não previstas acontecerão. Algumas delas serão variáveis difíceis de lidar.

Mesmo lembrando das promessas juradas sob os pés da cruz, sob os olhares dos santos, do padre, das testemunhas, diante do próprio *sim*, não será difícil descobrir que as falhas vertem espontâneas. E trazem consequências, algumas gravíssimas.

O que pode ser uma variável dentro do casamento? Algo que não estava na expectativa do casal, algo inesperado que pode ocorrer sem dar sinais, surpresas não gratas ou que não foram esperadas.

Alguns dizem: "Os casais devem ser precavidos, preparar-se para o pior". Mas o que seria *se preparar*? Encher-se de defesas e armaduras? Não sentir com profundidade? Evitar entregar-se para não sofrer? Negar o que vê e sente? Entregar pouco? Amar menos? Seria isso?

UM CASO NO CONSULTÓRIO

Lembro de um caso do consultório, em que uma mulher descobriu um câncer no útero em estágio avançado e o esposo não suportou a situação. Ele não conseguiu lidar com essa variável, não se permitiu compreender que a rotina e a vida do casal sofreriam graves modificações. Nenhum dos dois preparou-se para esta variável inesperada. E, novamente, o que seria se preparar neste caso? Passou-se um pouco mais de noventa dias da descoberta da doença e ele pediu o divórcio, alegando que não tinha estrutura para passar pelo processo da doença. É bastante comum o mais frágil fugir levianamente do compromisso.

— Mas sou eu que estou passando pelo processo mais difícil — argumentou ela.

— É o que você pensa. Minha vida também se desorganizou. Estou dia e noite correndo atrás de médicos, hospitais e medicamentos. Não tenho mais tempo para mim. Tornei-me um motorista, um enfermeiro, um socorrista e um plantonista. Eu quero minha vida de volta — arrematou ele.

Ela narrava a conversa e chorava copiosamente. Ainda lhe doía relembrar os fatos. Nesse caso, o contrato de casamento que foi testemunhado por tantos, especialmente o trecho na *saúde e na doença*, foi literalmente negligenciado. E realmente foi-se embora o homem-menino, que quando teve seu amor testado por algo mais significativo, não resistiu.

Mais uma vez, o amor perdeu e o peso da responsabilidade ganhou. É uma verdadeira guerra silenciosa entre o amor, as adversidades e os desafios.

De um lado da trincheira está o amor: corajoso, destemido e quase solitário. Do outro, um verdadeiro exército composto de medos de toda ordem, inseguranças, dificuldades de ser adulto, fraquezas, egoísmo, orgulho, desconfianças, incapacidade de criar e manter vínculos, de ceder, de negociar, de recuar ou de avançar quando a ocasião necessita.

TEM SIDO UMA GUERRA DESIGUAL E O AMOR TEM PERDIDO SISTEMATICAMENTE.

∞

Parece ser uma visão dramática, mas não é. Em geral, o ser humano funciona no modo adulto ou no modo infantil. Romantizar uma realidade é negar os fatos. E negar os fatos é funcionar no modo infantil. O fato é que o amor está cada vez mais solitário e cada vez mais órfão, são os números, os estudos que revelam essa realidade.

Alguns contratos realmente podem ser difíceis de serem cumpridos, por exemplo: pode acontecer com qualquer um de se apaixonar perdidamente por outra pessoa e não conseguir ou não querer controlar os sentimentos arrebatadores. Poderá tomar a difícil decisão de seguir o chamado deste novo amor.

Segundo as estatísticas do Registro Civil de 2017 do IBGE, apresentadas pela gerente de pesquisas Klivia Oliveira, no Brasil, a cada três casamentos, um termina em divórcio. A média de duração de um casamento em 2007 era de 17 anos. Uma década depois, em 2017, a média da longevidade de uma relação caiu para 14 anos. O número de casamentos vem diminuindo, e o número de divórcios vem aumentando consideravelmente. No período entre 1984 e 2016, os casamentos aumentaram 17%, ao passo que os divórcios cresceram 269% no mesmo período. As separações ganharam *de lavada*!

Os terapeutas que trabalham nesta área observam muitos relacionamentos que foram resgatados quando os casais foram buscar ajuda, quando se permitiram ir a espaços terapêuticos e descobrir comportamentos que não condiziam com o casamento. A realidade mostra que ambos falham e habitualmente erram nos mesmos pontos, nas mesmas questões.

AS BRIGAS DOS CASAIS GERALMENTE SÃO PELAS MESMAS RAZÕES, HÁ ANOS!

Acompanhei no consultório centenas de relacionamentos que foram ajustados nos pontos dos conflitos e hoje prosseguem mais felizes. Observe os casamentos das pessoas próximas a você: brigam há anos pelos mesmos motivos. Mas qual é o propósito dessas discussões?

A princípio, a maioria das brigas são para se entender, para buscar a reconciliação e não para se separar. Este é um entendimento adulto das discussões. Expressar os sentimentos, mostrar a dor, reclamar até ser ouvido, essa é a real finalidade dos conflitos dos casais. Ajustam-se para viver em paz.

Que dizer para os jovens enamorados? Para os que querem viver essa rica experiência? Que seu amor será testado de várias formas? Quem tem o direito de estragar seus sonhos poéticos? Quem se atreveria? Devastar sonhos alheios não seria uma espécie de crime? A vida no devido tempo mostrará a cada um o que necessita saber, o que precisa melhorar para que seu progresso aconteça.

Deve-se amar simplesmente porque o amor faz bem a quem o dá e a quem o recebe! As palavras amorosas são como flores que perfumam: agradam à flor e ao que inala seu cheiro delicioso.

É importante lembrar que são os pequenos gestos que consolidam e enraízam o amor. Demonstrações simples de carinho e de bondade farão com que o amor crie raízes difíceis de serem arrancadas, por mais que os ventos insistam em açoitá-las.

Está tudo bem se muitas vezes o casal não se encontra em bons momentos. Isso acontece, faz parte. Está tudo bem se às vezes o casal não se falar, se, eventualmente, dormirem de costas um para o outro, se ficarem um tempo em silêncio sem se olharem. Isto não significa que tudo está ruindo. Quantas lições preciosas são reveladas somente quando o casal experimenta esses momentos difíceis? Algumas coisas só serão descobertas quando o casal estiver bem e tantas outras somente quando estiver no meio de uma crise.

Há saberes que só serão revelados na luz e ensinamentos que só se mostrarão na sombra.

Quando brotam as lágrimas, nem sempre significa que se é perdedor ou mais frágil. Todos têm seus dias difíceis ou momentos prolongados de dureza. A vida é exigente, isso já foi compreendido na carne. A força que tanto se quer também vem das dificuldades que a vida traz de tempos em tempos para todos. As dificuldades surgem conforme as necessidades evolutivas se apresentam. Por isso o ditado: "Cada qual sabe onde o sapato o aperta". Também foi entendido que as dores ensinam e que os males são para serem estudados e curados. Esportistas de alto nível costumam dizer: "É claro que aprendi nas vitórias, mas cresci muito mais nas derrotas".

ACREDITE, FAZER TERAPIA SALVA MAIS CASAMENTOS DO QUE REZAR, A NÃO SER QUE A REZA SEJA MILAGROSA.

Para os que acreditam, por que não aliar a reza com bons comportamentos? E se Deus fizer a parte dele, qual será a nossa? A busca pela terapia de casal ainda é tímida. A maioria busca terapia para si, o que é dignificante e saudável. A busca pela saúde da relação *do casal* é extremamente importante, porém ainda não é valorizada como deveria. Quando as queixas são do relacionamento, ambos devem ser ouvidos e orientados. É nesta hora que a terapia de casal deve entrar em cena.

A partir do momento que alguém deixa de investir no seu casamento, a relação para de evoluir. Entra em um processo de estagnação lenta, posicionando-se para algum tipo de fim. Toda relação que está por falir dá vários indícios sinalizando que a direção é perigosa. Antes do derradeiro fim, vários sintomas surgem, pequenos no início, mas logo vão se tornando bem visíveis. É como uma novela em que, antes do dramático fim, outros finais vão acontecendo e se encaixando. A partir daí, é só um passo. Não basta somente manter o casamento. É insuficiente. Tem que torná-lo atraente para que valha a pena.

Imagine uma empresa que deixou de investir na qualificação de seus funcionários, que não se atualizou nas necessidades ou na forma de comunicar-se com seus clientes e que deixou de conquistar novos mercados. Qual será seu destino? É possível que demore, mas certamente vai extinguir-se.

∞

Um paciente do consultório, proprietário de um escritório de advocacia, e que tem uma visão empresarial do Direito, comentou que a especialidade mais rentável sofreu recentes reformas e que a fonte que jorrava um bom dinheiro estava secando. Imediatamente, reposicionou os funcionários, solicitou-lhes que fossem estudar outras especialidades do Direito e novas formas de garimpar clientes. Reinventaram-se, ele, os funcionários e o escritório. Os resultados já estavam aparecendo. Outras torneiras foram abertas, jorrando um pouco de dinheiro em cada uma delas. Com essa atitude e sem procrastinação, salvou suas finanças, o emprego dos funcionários e a saúde do escritório.

Basicamente, o ser humano necessita de duas seguranças principais: a segurança afetiva e a segurança financeira. Quando estiver com ambas as seguranças preenchidas, a possibilidade de ter paz é altíssima.

Quem demora para sanar um problema, seja na vida pessoal, conjugal ou profissional, corre seriamente o risco da própria sucumbência.

Da mesma forma, quem parou de investir no casamento está deixando sua *empresa* matrimonial minguar aos poucos. Qual será o próximo passo? Um vírus chamado distanciamento vai afastando um cônjuge do outro e consolidando um triste abismo entre ambos. Lembramos que é a felicidade do casal que está em jogo. Se não houver alegria, cumplicidade e comprometimento, podemos chamar de qualquer coisa, menos de relacionamento de casal.

É maravilhoso saber que, a qualquer momento, o botão do recomeçar pode ser acionado. A vida sempre dá uma nova chance, um novo caminho, uma nova possibilidade a todos, tanto para os que *acertam* quanto para os que *erram*.

É um dever *lutar* pelo casamento! Lutar sugere uma palavra truculenta, mas não é, aqui, no sentido do embate. Contudo, o resultado pode ser compensador. A luta é no sentido de buscar ajuda, negociar mais, oferecer mais gentilezas e amorosidades. Lembrando, são os pequenos gestos que tornam um relacionamento interessante e promissor.

Não há necessidade de inovar a todo momento! Evite cobrar-se altas performances. No lugar de se cobrar, tente fazer algo extraordinário de vez em quando, isto pode trazer encantamento para a relação. É preciso fazer dar certo, tornar mágico, ainda que ocasionalmente. É um dever como adulto.

Sempre é importante recordar: relacionamento é assunto sério, mas pode ser leve, gostoso e divertido. Ser gentil, amoroso, atencioso e atender à vontade do outro são coisas possíveis de se fazer, desde que se queira. Parte da missão está cumprida quando você perceber a felicidade estampada no rosto da pessoa que escolheu para amar. Aceite o compromisso de fazer dar certo.

Buscar, encontrar, abraçar e não abandonar são missões mais nobres. Uma coisa é dever, outra coisa é *missão*.

LEMBRE-SE:

- Casamento não é dever, é missão.
- Os contratos e acordos não são somente para resguardar o casamento, mas também para proteger os cônjuges um do outro.
- O amor, solitariamente, não tem conseguido proteger os relacionamentos. Entretanto, aumentam as possibilidades quando existem contratos para auxiliá-lo em sua nobre missão.
- Quem não cumpre os acordos do casamento certamente está enfermo e necessita de ajuda.

O AMOR É UMA CONTRIBUIÇÃO DIVINA PARA A HUMANIDADE.

Capítulo 3

O AMOR É PARA OS ADULTOS!

Amar é a jornada mais desafiadora,
nada pode trazer tanta evolução.
Autor desconhecido

Não nascemos para ficarmos ou estarmos sozinhos. Não é da natureza humana, embora muitos decidam viver desta forma e tenham o amplo e inquestionável direito de viver como acharem melhor para si. No entanto, a solidão não é da espécie humana.

Nossa espécie, até o presente momento evolutivo, necessita do outro para tudo. Para procriar, para nascer, para ser alimentado, para sobreviver, para relacionar-se e, na maioria dos casos, para ser feliz.

∞

É POSSÍVEL SER REALMENTE FELIZ VIVENDO SOLITARIAMENTE?

> APRENDA A FICAR SOZINHO E NUNCA MAIS SE SENTIRÁ SÓ.
> — DALAI LAMA

Não há dúvidas que é uma riqueza e um desafio viver sozinho. Isto também é para pessoas fortes. Conheci pessoas incríveis e maravilhosas que decidiram viver solitariamente. Alguns compreendem que é mais desafiador aprender a relacionar-se apenas consigo mesmos. Entendem que um universo de possibilidades abre-se somente para os solitários. Muitos vivem sozinhos porque querem aprender a viver na solitude, numa espécie de celibato. Estão solteiros, mas nem sempre desacompanhados.

Contudo, na sua maioria, os que vivem sozinhos apresentam dificuldades para se relacionarem.

Para estes, a solidão não é uma escolha, e sim o resultado de frustrações anteriores, de coisas não concluídas ou mal resolvidas impedindo e castrando novas possibilidades de envolvimento afetivo. Há uma espécie de *acorrentamento* em algum evento ou fato do seu passado recente ou mais longínquo. Evitam tocar e que toquem neste ponto nevrálgico! Pode ser uma decepção amorosa, um sonho que foi desfeito, uma dor intransponível, um perdão não concedido a si mesmo ou a alguém, uma perda de alguém muito especial e que nada preencheu o vazio que ficou, um medo de que ocorra novamente o que já aconteceu, um receio de investir e *quebrar a cara*, ou simplesmente um terrível medo da rejeição.

> A SOLIDÃO OS ESCOLHEU OU ELES A ESCOLHERAM? QUEM ESCOLHEU QUEM? PARA ESTES, A SOLIDÃO É UMA ESCOLHA OU UMA IMPOSIÇÃO?

∞

Por que muitos casamentos sucumbem? Por que milhões abandonam o barco mesmo antes que o naufrágio aconteça realmente? Por que muitos deixam a rotina estragar tudo? Por que, em incontáveis relações, as pessoas deixaram levianamente o amor ir para a CTI e ali o abandonaram à própria sorte? Por que muitos assistiram ao declínio e ao desenlace do amor? Por que inúmeras pessoas observaram acontecer, de forma desinteressada, o crepúsculo da sua própria relação? Por que outros tantos permitiram que o amor fosse definhando igual a uma vela que se apaga aos poucos? Por que foram tão descuidados? Por que foram tão distraídos e ausentes? Por que deixaram o fogo do amor e da paixão consumir a si mesmos e nada fizeram para contê-lo?

> PORQUE O AMOR É PARA OS FORTES, PORQUE O AMOR É PARA OS ADULTOS, PORQUE O AMOR NÃO É PARA OS DESERTORES! AS CRIANÇAS E OS IMATUROS VÃO FICANDO PELO CAMINHO. ENFIM, O AMOR É PARA GENTE GRANDE!

As criancinhas mimadas, egoístas, resistentes, não resilientes, narcisistas, teimosas, arrogantes, que se entendem como sempre certas, que acham que nunca erram, que não aceitam e não buscam ajuda, estão sabotando os relacionamentos. Estão ainda incluídas neste grupo as pessoas magoadíssimas, vítimas de si mesmas, que não conseguem negociar ou fazer concessões, que se recusam a mudar um único comportamento que está destruindo a relação, que não abrem mão de seus princípios sabotadores de sua própria felicidade, também essas pessoas estão ficando pelo caminho.

> OS HOMENS TÊM ERRADO MAIS NESSE TERRITÓRIO, PORÉM AS MULHERES ESTÃO SE TORNANDO CADA VEZ MAIS ABANDONADORAS.

Algo está faltando para ambos. Nessa guerra, não há vencedores. A prova está nas pesquisas, pois apontam que são as mulheres que estão indo embora. A quem duvida, é só olhar as estatísticas. Em um estudo feito nos EUA e publicado em 2015 pela revista Veja, o professor de Sociologia de Stanford, Michael Rosenfeld, líder da pesquisa, concluiu que a cada 10 divórcios, 7 são de iniciativa das mulheres. A causa raiz ainda é uma espécie de machismo disfarçado que impera dentro do relacionamento devido às supostas desigualdades. Mais do que nunca elas estão reagindo à traição, especialmente àquele velho clichê: "Ele é homem e pode ter outras mulheres, eles são assim mesmo, é normal." Não pode mais não! Isso quem está dizendo são elas, cansadas deste comportamento machista e autoritário.

No Brasil, a cada 10 pedidos de divórcio, 8,4 eram solicitados pelas mulheres. Atualmente, 70% dos divórcios são solicitados por elas, dado divulgado na CNN Brasil em 12 de novembro de 2021, pelo doutor em Psicologia Clínica Luiz Hanns. Segundo o texto, o homem está menos preparado para a separação do que as mulheres.

A fantasia de que o amor é lindo e eterno, escrito e descrito pelos poetas, é amor de livro. Ler poesias faz bem para o coração e para a alma, o difícil é transportá-las para o cotidiano das relações. Como encaixar aquele modelo de amor na vida real? Aliás, uma boa parcela dos poetas românticos foi solitária, outra teve grave depressão e outra morreu de tristeza. Podemos encontrar alguns deles, com um pessimismo e sentimentalismo extremo, no período literário conhecido como *mal do século*. Infelizmente, cantar o amor em verso e prosa tem sido mais descomplicado do que mantê-lo vivo e vibrante.

Parece realmente que não estamos conseguindo manter os casamentos, uma vez que as pesquisas apontam para as graves dificuldades que as pessoas estão tendo para isso.

Outra observação pertinente: uma grande parcela dos propagadores do pensamento positivo e do poder da mente tiveram depressão grave e o número de suicidas é impactante. A vida é mãe generosa, mas exigente. Ou se adapta ou se extingue. Esta é a linguagem da vida. Basta estudar quantas vezes o nosso planeta foi colapsado e consumido pelo fogo, pelo gelo, por grandes terremotos, por devastadores maremotos e supervulcões para poder abrigar a vida. Também basta ver a origem e a evolução das espécies do nosso planeta, o quanto se transformaram e evoluíram para chegarem à forma atual. E o processo não está concluído, a adaptação vai sempre continuar. No casamento não é diferente: ou se adapta ou se extingue. Sempre o que sobreviveu foi o que evoluiu e se adaptou. Esta é a lei.

Quanto ao casamento, poucos tiveram a devida orientação de que poderia ser uma árdua viagem, mas que, dependendo dos timoneiros, poderia ser uma exitosa e excitante jornada e que traria valiosas compensações.

Nem sempre será cor-de-rosa. Nem sempre! Alguns exemplos simples do cotidiano: nem sempre os casais irão acordar juntos e irão tomar café no mesmo horário. Às vezes, alguém irá esquecer de comprar o pão ou leite, então, neste dia pode não ter café em casa. Provavelmente cairá sobre um a tarefa de ir ao mercado. É provável que caberá mais a um dos dois preparar a maioria das refeições, o que poderá ser um peso muitas vezes. E ainda lavar, secar, guardar a louça e ouvir eventualmente que não foi bem enxaguada. Pode ocorrer que, além de recolher as roupas espalhadas por cada canto da casa, alguém ainda tenha que ouvir reclamações injustas de roupas que não foram bem lavadas ou passadas.

Nem sempre haverá uma boa parceria para conversas, para o chá, para o café, para o vinho, para ir ao cinema ou passear à toa pela praça. Pode acontecer que o seu cônjuge, que tanto quis um bebê, não o ajude a dar-lhe banho, trocar as suas fraldas ou acordar de madrugada para socorrer a criança faminta ou com seus enlouquecedores gritos das cólicas intestinais. Pode preferir a companhia dos amigos, da mamãe, do álcool e outras drogas que o cônjuge tanto deteste por já ter vivido num ambiente familiar contaminado. Pode ser mais preguiçoso do que se supunha. Ou o oposto, pode preferir o trabalho à companhia da família.

Pode suceder que a alteração da voz ou outro tipo de abuso ou desrespeito aconteça mais do que se imaginava. Pode gostar menos de sexo do que foi no início e isso o aborrecer profundamente, ao ponto de não se sentir mais feliz. Pode-se descobrir pequenos ou grandes furtos de felicidade por traições e outras decepções. Pode ocorrer que, ao fazer negócios, nunca consulte sua opinião e ainda insinue que suas ideias não são inteligentes. Pode acontecer de você, como pessoa, sentir-se invisível, não olhada, não admirada e não amada. Pode sentir no coração que aquela pessoa maravilhosa que você amou muito mudou tanto que irá se perguntar se é a mesma pessoa com quem você se casou. Pode acontecer que aquela pessoa que você achava tão inteligente está frequentemente colocando o patrimônio ou as finanças em risco ou em sérios apuros, e que a qualidade de vida tão sonhada ainda não aconteceu.

Nem sempre os fatos acontecem repentinamente; vão se construindo aos poucos ao longo dos anos. Pode acontecer que um dia você acorde e se dê conta do que realmente está acontecendo. E o pior, já acontecia há um bom tempo. Pode perceber que o amor que era lindo e belo, hoje, escorre entre os dedos e que talvez terá que viver com essa pessoa pelos próximos 5, 10, 20 ou 50 anos.

A bem da verdade, um livro poderia ser escrito somente sobre as dificuldades que os casais poderão encontrar pelo caminho. Uns mais, outros menos.

Justamente por tantos problemas alguém começa a desistir, já que não era bem o que tinha sonhado para si. E agora? Alguém vê na porta da saída a grande solução. É o começo da tragédia não prevista. Mais fácil *descasar*, muitos pensam. E decidem fugir! E se vão! Com ou sem culpa! Apenas vão sem buscar ajuda, sem pedir socorro, sem ao menos querer salvar aquilo que ajudaram a construir, sem olhar para trás, sem verificar se a sua parcela de responsabilidade foi maior do que a do outro. Coincidentemente, ao deixar tudo para trás, ao fechar a porta da saída, um ar refrescante sopra-lhe a face indicando que tudo vai ser leve e diferente. Tudo novo, nova vida. Ledo engano. O que é seu vai junto! E se tiver filhos, a deserção só agrava a situação.

Algumas pessoas são vulneráveis demais para suportarem algumas decepções. É claro que nem toda separação se configura numa tragédia! Para milhões, a separação foi a cura, um reencontro com a verdadeira liberdade. Ainda, foi o alívio do peso nos ombros, foi deixar para trás o abuso, o desrespeito, a invisibilidade, a ausência, os gritos não ouvidos, a pouca cumplicidade, a inexistente parceria, os pedidos nunca aceitos e os desejos não saciados.

- **O amor no modo adulto** posiciona-se para dar, doar, auxiliar, apoiar, contribuir, somar, empatizar, ajudar, cuidar, proteger, fomentar, crescer e construir. Verbos nobres.

- **O amor no modo infantil** posiciona-se para receber, cobrar, exigir, criticar, chorar, pedir, querer, esperar, sentar, mendigar, vitimizar-se e molestar. Verbos pobres.

A INCERTEZA É A ÚNICA COISA CERTA!

Sobre o destino de uma relação, ninguém sabe ao certo, nem o próprio casal; é uma das partes mágicas do casamento. Então, sugiro que abrace a incerteza e viva um pouco o desconhecido, pois ele também traz respostas às suas perguntas.

Para termos sucesso em nosso relacionamento, devemos estudar nosso cônjuge: do que gosta, o que ama, do que necessita, o que o deixa feliz? Também devemos observar atentamente o que odeia, o que irrita, o que não tolera, o que é inegociável. O grande fato é que devemos estudar e observar nosso cônjuge para termos um casamento que, de fato, possa trazer paz e felicidade. Alguém disse: "Se não é um bom ímpar, como pode ser um bom par?"

Um casal distraído pode perder-se aos poucos; um casal atento já compreendeu que o carinho nutre, a atenção alimenta e a cumplicidade aproxima.

LEMBRE-SE:

- Para termos um casamento bem-sucedido, devemos estudar sobre o amor.
- Amar significa estar perto de quem amamos, e não se afastar, especialmente nas dificuldades.
- Relacionamentos, com frequência, são atos de se descosturar e de se costurar de novo.
- Esteja aberto para aprender mais sobre o amor: é difícil aprender algo novo num assunto que achamos que já sabemos tudo. Copo cheio não cabe mais nada.

PARA TERMOS A
FELICIDADE NÃO SOMENTE
COMO META, MAS COMO
ROTINA POSSÍVEL,
PRECISAMOS ESTUDÁ-LA
E COMPREENDER SEUS
MECANISMOS.

Capítulo 4

NEGOCIAR É PROGREDIR

Não existem métodos fáceis para resolver problemas difíceis.
René Descartes

Um sábio disse: "Existe uma faculdade chamada casamento na qual o casal faz a matrícula e não se forma, pois jamais receberá o diploma". Interessante o seu ponto de vista, porque, de fato, o casamento é uma matéria infinita e um projeto eternamente inacabado.

O casal que atingiu a excelência na relação compreendeu há tempos que é necessário fazer ajustes permanentes na conduta. Ambos entenderam que os alinhamentos se fazem necessários de forma constante e os praticam com relativa tranquilidade.

Os ajustes e os alinhamentos são protocolos essenciais para a longevidade da relação. Em um casamento em que há qualidade, podemos apostar que se negocia tudo o tempo todo ou sempre que necessário.

Dizer que um casal apresenta felicidade, que demonstra paz, em que a leveza é facilmente visível, significa que dizer está em dia com suas negociações. Não há sentimento de que "o outro me deve algo" ou que alguma necessidade não esteja atendida. Não sentimos uma certa leveza quando todos os débitos estão em paz?

E O QUE É O AMOR SENÃO A PAZ CONSTRUÍDA NO EQUILÍBRIO DAS TROCAS?

UM CASO NO CONSULTÓRIO

Lembro-me de um casal de noivos que procurou ajuda por uma questão bastante específica, e não tinham muito tempo para resolvê-la. Em breve iriam realizar um sonho muito importante: casar-se. O urgente tema era sobre os decotes dos vestidos da noiva. Eles já tinham um tempo bem razoável de namoro e nunca puderam resolver a questão em definitivo. Mas, quase às vésperas do dia do casamento, decidiram pôr um ponto final no conflito. Ao menos pretendiam. Não queriam terapia, queriam uma solução rápida!

— Eu não concordo com o jeito dela de se vestir! — exclamou ele com a voz exaltada. — Não concordo. Não quero entrar em um casamento com esse problema. Praticamente todas as roupas que ela usa têm um decote muito avantajado. Sempre me incomodou, não foram poucas as tentativas em que reclamei sem muito sucesso. Ela é egoísta e não abre mão. Ela me chama de intransigente, de inseguro e machista, mas eu não sou. Eu só quero respeito. Acho ela desrespeitosa comigo.

— Onde está o desrespeito? Em ela não lhe obedecer? — questionei-o.

Por alguns segundos, ambos permaneceram em silêncio sepulcral.

— É isso mesmo! — esbravejou ela com olhar fulminante. — Ele quer que eu o obedeça. Sim, eu amo usar decote. Ele me conheceu assim, sempre soube do meu gosto e não reclamava. Nesse último ano, deu de implicar de forma mais contundente, as brigas aumentaram e deixamos de ir em algumas festas importantes com nossos amigos por causa dessa neurose. Por isso que estamos aqui. Amo ele e amo meus decotes — salientou sorrindo, numa tentativa de deixar o clima menos nebuloso e tenso —, e não estou disposta a abrir mão deles!

Percebi que a sessão não iria ser muito amigável. Com os ânimos exaltados, nenhum estava disposto a ceder ou recuar, e isso poderia não ser bom para a relação.

OS VALORES INDIVIDUAIS NEM SEMPRE DEVEM PREVALECER SOBRE OS VALORES DA RELAÇÃO.

Durante as sessões seguintes, olhamos para outros aspectos do relacionamento, mas a dificuldade para negociar era grande. Praticamente havia uma disputa em cada ponto que pensavam de forma diferente. Ora os desejos dela gritavam para serem ouvidos, ora os dele. Eles sabiam brigar pelos seus direitos, mas em cada ponto de conflito os tambores rufavam. Para ambos, negociar era perder.

Tinham uma vida social interessante, muitos amigos, gostavam de viajar e as relações com as famílias eram excelentes. Embora jovens, lidavam muito bem com as finanças, tinham admiração um pelo outro, e o sexo era maravilhoso. Basicamente, era uma relação muito saudável.

No decorrer das sessões, o assunto vinha à tona:

— A mãe dela vive de decote com os peitões de fora — ele apressou-se em acusar. — Não entendo como o pai dela não se importa. Na verdade, ele se importa sim, porque a gente já falou sobre isso e ele não curte tanto assim como elas pensam. No íntimo, ele engole essa situação há anos e fica dizendo da boca para fora que aceita. Mente para ele mesmo.

— Não meta meus pais na sessão! — defendeu-se ela com fúria.

— Claro que meto. Se sua mãe a tivesse ensinado a se vestir mais decentemente, a gente não estaria aqui perdendo tempo e dinheiro com psicólogo. Odeio terapia, é pura perda de tempo.

Nesse momento, a conversa ficou interrompida, pois um longo silêncio se abateu sobre todos. O famoso vácuo.

— Às vezes temos que treinar nosso ouvido para algumas insalubridades — disse-lhes sorrindo. Riram todos, porque aquilo não foi um ataque pessoal; fazia parte do contexto.

— E o seu pai? — perguntou ela, franzindo as sobrancelhas, querendo mudar logo de assunto, a fim de tirar todos daquela circunstância burlesca provocada por seu noivo, todo ciumento e desconfiado. — Pensa que não sei? Ele sempre foi controlador das roupas da sua mãe e agora você quer fazer isso comigo. Mas eu não sou sua mãe, que aceitava por medo, mesmo sem gostar. Não sou ela — esbravejou consternada.

— E eu não sou seu pai, um banana que tolera o que não gosta. Não tem forças para enfrentar sua mãe — respondeu ele, meio ofendido.

Fiz uma pequena intervenção — levantando as duas mãos como que a pedir calma —, uma vez que o caldo estava engrossando.

E assim se foram minutos e horas, contando esta e outras sessões, com olhares sobre este e outros aspectos da relação. Juntos, navegamos para escutar e auscultar outras áreas do relacionamento que possivelmente poderiam ser mais fáceis de adentrar, de instituir a negociação como excelente ferramenta na resolução de alguns conflitos.

Enfim, no tempo deles... Entenderam que negociar não é perder e que ceder pode ser valiosa conquista para instaurar a paz.

Sempre a paz é melhor do que a guerra, embora saibamos que muitas vezes, para ter paz, a guerra é necessária. Osho, líder espiritual indiano e professor de filosofia, disse: "Ficar louco de vez em quando é necessidade básica para permanecer são." De vez em quando, Osho... de vez em quando.

Desde o início do tratamento eles perceberam que não eram bons negociadores e que não tinham o hábito de pensarem no relacionamento como um todo. Pensavam mais nas necessidades individuais. Sabemos que as necessidades individuais devem ser atendidas. Mas, e quando surgem os impasses? Os diferentes pedidos? Quando o pensar de um difere sobremaneira do pensar do outro, o que fazer? O que é mais importante? A necessidade de cada um ou a necessidade do relacionamento? A entidade relacionamento tem suas prioridades, que são a soma do conjunto das duas necessidades.

∞

Qual é a grande necessidade da entidade relacionamento? A de prosseguirem juntos, tendo o bem-estar comum como guia e a felicidade como caminho. O que se atende primeiro? Isso foi bastante trabalhado nas sessões. Ambos se comprometeram a olhar para o que poderia ser mais importante, que seria o relacionamento do casal.

Há quem pense que a individualidade deve prevalecer em um relacionamento. Será mesmo? Claro que podemos pensar desta forma, mas devemos observar que aquilo no que investimos mais, ao que damos mais atenção, fica mais fortalecido. Nesses casos, a individualidade fica forte e a relação fraca. Quando a relação perde atenção, quem está em risco é o relacionamento. Entretanto, alguns casais preferem investir na individualidade, e, se isso cobre as expectativas de ambos, está tudo certo.

Temos o direito de viver como bem entendemos, e o que acontece dentro de um casamento, a princípio, só diz respeito ao casal. Devemos sempre pensar no modelo ideal, que é o de ser um contribuinte para o relacionamento. Quanto mais contribuição a relação recebe, mais interessante fica. Com essa visão, os dois desenvolvem a cumplicidade.

Há uma crença equivocada de que podemos mudar o outro. Todos temos modelos que chamamos de idealizados, isto é, temos em nossa mente a ideia de que se o outro fosse *assim ou assado*, seria melhor para o relacionamento. Puro engano, para não dizer infantilidade. Essa é a ideia de apenas uma das partes, porém, o que fazer com a ideia do outro, já que o casamento é uma sociedade? Não seria aceitável classificá-lo como uma espécie de abuso doméstico?

Tanto foi falado em *negociação*, que um acordo sobre os decotes se estabeleceu. Ele implicava muito com dois vestidos, especificamente. Na verdade, implicava com todos. Se fosse somente pelo desejo dele, ela não usaria nenhum vestido decotado. Bastava ela vestir qualquer um deles que ele se emburrava e a guerra estava armada. Ela não queria recuar de forma nenhuma, pois acreditava que, se começasse a ceder, ele mandaria nela pelo resto da vida.

O homem argumentava que não gostava de nenhum, mas existiam dois que deixavam ele louco de raiva, como foi dito. Todas as vezes que saíam em público, as noites, que deveriam ser prazerosas e relaxantes, tornavam-se infernais.

Ela cedeu, mas somente naquelas duas roupas. Ele pareceu feliz por ter conseguido chegar a um bom termo; por outro lado, não achou que fez um bom acordo porque queria tacar fogo em todos os vestidos. Então, digamos que ambos *perderam*, uma vez que ambos cederam, mas a relação se fortaleceu. Esse é o grande ponto. Assim como tudo na vida, toda relação precisa crescer, modificar-se e continuar evoluindo. "Perdas e ganhos fazem parte de uma relação", diria Lya Luft.

Existem pontos que travam a relação, dando a impressão de que não irá para frente. Essa sensação é comum entre os casais que não negociam suas necessidades. Casal maduro negocia tudo. Esse foi um exemplo de uma negociação. Se não estamos aptos a rever pequenas posturas, estaremos hábeis para as que exigem mais?

Anos passados, o casal retornou para a terapia por outro motivo. Nós relembramos os episódios dos vestidos decotados. Ela, com seu ar delicado, contou rindo que possuía quatro maravilhosos vestidos com decote e que três ganhou de presente do próprio marido. Enquanto narrava, abraçava-o carinhosamente. Ele concordou e sorriu com ar triunfal. Foi prazeroso ver a evolução do casal, especialmente a dele, que pelo jeito conseguiu ultrapassar algumas crenças que o limitavam. O que limita um, afeta o outro. Às vezes cedemos hoje para ganhar amanhã. São nesses momentos que a maturidade é medida silenciosamente.

> NÃO HÁ VITÓRIA SEM ALGUNS SACRIFÍCIOS PESSOAIS.

∞

A mulher dos vestidos decotados foi, do seu jeito, ganhando a confiança do marido, e ele foi amadurecendo e incluindo a ideia que deixá-la feliz seria melhor do que brigar por conta de alguns decotes. O que parece ter uma extrema importância hoje, amanhã pode não ter. *Esse é um aspecto maravilhoso da vida: perceber que as nossas verdades e necessidades mudam, da mesma forma que nós mudamos.*

— Pessoas felizes não dão trabalho — disse-lhes em uma sessão.

A intransigência humana é, às vezes, de entristecer. Ele poderia continuar com seu austero posicionamento e perder uma vida de oportunidades e descobertas regada com amor e carinho junto à esposa.

O amor pede concessões, reciprocidade, tolerância e investimentos nele mesmo. Os retornos, em primeira ou última instância, vêm para o relacionamento do casal, isto é, para ambos.

∞

Nas situações conflitivas, alguém tem que começar a recuar. Indica-se que seja ora um, ora outro, para que haja um certo equilíbrio. Muitos não acolhem a vontade do outro. São pessoas rígidas, egoístas e narcisistas. Muitos não foram treinados a ter empatia ou simpatia pelos propósitos alheios.

Pessoas maleáveis geralmente são mais amorosas e possuem mais plasticidade cerebral. Sou, além de psicólogo, criador e facilitador de cursos de autoconhecimento. Certa vez, um participante de um curso perguntou-me:

— Estou no quarto casamento. Será que sou eu o problema? — apenas sorri. Ele entendeu.

> CEDER É UM ATO DE AMOR, E ONDE HÁ AMOR, NÃO HÁ ERRO.

O amor é sempre tolerante, é a grande ferramenta que está nas entrelinhas de uma negociação. Ele é gentil, flexível, bondoso e tem sido o antídoto para evitar conflitos imaturos e desnecessários. É quase um pecado não escolher a bondade do amor.

> E O QUE É O CASAMENTO SENÃO UM LOCAL PARA AMADURECIMENTO DOS SENTIMENTOS E TREINAMENTO DAS EMOÇÕES?

Existe escola maior na Terra? E qual poderia ser o maior ensinamento ou a maior aprendizagem, senão a evolução do próprio sentir? A nossa evolução toda não se baseia no sentir? Toda imaturidade de comportamentos ou das ideias não está ligada diretamente à pouca evolução do sentimento?

A desumanidade das pessoas não está no seu aspecto egoísta, insensível e impiedoso de não se importar com a dor do outro?

LEMBRE-SE:

- Um conteúdo não negociado pode tornar-se tóxico para a relação. Estimule-se a negociar. No seu relacionamento, quem é mais negociador? Geralmente um é mais do que outro.
- Casamento, equipe, grupo ou qualquer sociedade são instituições nas quais o verbo *negociar* deve ser conjugado diariamente.
- Negocie pelo menos um item por dia. Você verá que em poucos anos será um expert em negociação.

E O QUE É O OUTRO,
SENÃO PARTE DE
NÓS MESMOS?

Capítulo 5

TIPOS DE COMUNICAÇÃO

Melhore sua comunicação. Assim, não será necessário levantar a voz.
Autor desconhecido

Sempre há magia no início dos relacionamentos, é um estado de graça, um êxtase, um *nirvana*; é como ir para *Nárnia*[1] e não querer mais voltar, e a comunicação é quase beatificada. As borboletas se iniciam no estômago, correm pelos demais órgãos, multiplicam-se e espalham-se por todo o corpo. Há uma linguagem não falada, não verbal, não dita, em que os olhos, os gestos e a expressão corporal confessam tudo sem dizer sequer uma única palavra. É quase uma telepatia. Uma fase encantadora. Os cúmplices silêncios dizem coisas que só o coração ouve.

1. Terra fictícia e fantástica criada pelo escritor C. S. Lewis para a série literária *As crônicas de Nárnia*. Termo geralmente utilizado para indicar que a pessoa está *em outra dimensão*.

A comunicação e a linguagem são de uma amorosidade e interesses profundos. É o início do sonho dourado. Infelizmente, não será assim para sempre.

A excelência de um casamento também pode estar ligada à qualidade da comunicação. Se ela é miserável, o casamento é pobre; se é mediana, o casamento é morno; se é de alto nível, o casamento é invejável. A qualidade da comunicação está ligada à qualidade da *escuta*. Por exemplo, um terapeuta que não tem qualidade na escuta corre o risco de não compreender as necessidades mais profundas dos seus pacientes. Por vezes, a direção que o paciente aponta com o dedo não é a direção acertada a se olhar. O dedo aponta para o leste e a dor encontra-se no oeste. Escutando com qualidade, a dor é encontrada mais facilmente.

NA BOA COMUNICAÇÃO DO CASAL, O SEGREDO NÃO É FALAR, E SIM SABER OUVIR!

Ser compreendido é o maior desejo daquele que fala. No entanto, muitas vezes não ouvimos para compreender e sim para responder, para argumentar ou defender-se. É comum aquele que fala ter sua narrativa interrompida, ter sua pergunta cortada e ouvir respostas nem sempre condizentes com as suas perguntas. O fundamento da comunicação está na escuta!

A real qualidade da comunicação está na compreensão daquilo que foi ouvido. Orienta-se que seja respeitado o momento de cada um falar. Um fala e o outro escuta até o fim, sem interrompê-lo. *Cortar a fala* é muito desgastante e grosseiro. Depois, aquele que escutou poderá falar até terminar o seu discurso. Assim, ambos falam e ambos escutam na forma adulta da comunicação.

Arun Gandhi, defensor e propagador de mensagens de paz e não violência pelo mundo, disse em um de seus discursos: "O mundo em que vivemos hoje é aquilo que fizemos dele". Em outras palavras, exatamente o que uma pessoa está vivendo hoje é o resultado do que fez ontem. O destino de uma relação está ligado ao tipo de comunicação que o casal construiu para si. A comunicação violenta leva a um destino, a comunicação não violenta leva a outro.

A boa comunicação é a base de toda boa relação. Alguns tipos de linguagens são maléficas para o casal. Na prática clínica, ao longo dos anos, anotei alguns modelos de como os casais se comunicam.

A linguagem que o casal usa para comunicar-se pode afastar ou aproximar mais do que o próprio amor.

Se não for bem empregada, é capaz de destruir um casamento em curto espaço de tempo. Quando a linguagem está afetada, o casal entra no *sinal laranja*, anunciando que o distanciamento já está acontecendo e que o *sinal vermelho* se avizinha.

A comunicação é uma das bases fundamentais de sustentação de toda relação. Via de regra, é uma tendência repetir o mesmo modelo que vimos nos pais. Por vezes, a mãe pode ser uma pessoa que fala sem parar, sem dar espaço para que o pai se manifeste. Então, com o tempo ele vai aquietando e silenciando suas palavras cada vez mais. E vice-versa.

É interessante perceber como repetimos os modelos de comunicação que herdamos de nossos pais, refletidos agora dentro da relação atual. Na terapia é comum observar que os problemas que temos hoje no casamento são os mesmos que os nossos pais tinham ou ainda os têm em seus próprios relacionamentos. Há uma lógica, quase fatalista, de repetirmos tudo aquilo que nos foi ensinado. Educar também é treinar para repetir os modelos recebidos anteriormente. Aquele que nos ensina, ensina aquilo que tem, não o que não tem. Dessa forma, os modelos e as histórias tendem a se repetir.

Observando, na terapia com os casais, anotei alguns modelos que podem se tornar tendências para o casal, com o passar dos anos.

O CRÍTICO

Importante lembrar que a crítica construtiva só existe em um ambiente preparado para tal, caso contrário, é agressão pura. Quando na relação existe um crítico tóxico, a comunicação é mais dificultada. O crítico constante é maléfico. Parece que nada do que o outro faz está certo, sempre tem algo para ser criticado. Se for contar algo do trabalho, por exemplo, o palpiteiro vem com seus apontamentos, dizendo que deveria ter feito isso ou dito aquilo. Reclama que o cônjuge nunca decide nada (local das férias, local para jantar fora ou para diversão), mas, quando aquele decide, o crítico dá a entender que faria melhor. É visto como um presunçoso. O parceiro, então, tem a sensação de que sempre erra em algum ponto. O crítico rouba a sua autoestima. Com o tempo, o criticado vai perdendo o interesse em conversar. É um tipo de comunicação violenta que leva ao bloqueio da fala.

O QUIETO

Quase não há fala. A pessoa vê e sente o que acontece; até gostaria, mas tem dificuldade de expressar os sentimentos. Reclama pouco, mas, por outro lado, também não vibra com entusiasmo, nas conquistas da família. Como conversar com os quietos? A conversa, que quase inexiste, pode se tornar desinteressante. Falta-lhe vida. Pode ser tímido ou não, o fato é que não demonstra muito interesse em compartilhar seus anseios, em pedir ou contar como foi o dia de trabalho, por exemplo. Os afetos se firmam na boa comunicação. Falta vida na comunicação dos quietos.

O INDIFERENTE

Vive mais no seu mundo. Não se importa com o que acontece com o outro. Não observa os estados emocionais do cônjuge, se está triste, com raiva, deprimido ou chateado. Raramente pergunta sobre os sentimentos do outro, ou o faz num simples: "Você está bem hoje? Parece cansado(a)". Os sentimentos não são considerados importantes, é um distanciado afetivo. De difícil trato, mas não impossível. Com o tempo, o cônjuge vítima da indiferença vai criando uma espécie de casca, de enrijecimento do que sente; uma barreira para não sofrer. É uma tendência que ambos se tornem indiferentes um com o outro. Não expressar o que se sente pode ter um custo alto para a relação. É comunicação fria, distanciada.

O INTERROMPEDOR

Na ânsia por falar e na dificuldade para ouvir, a comunicação é frequentemente interrompida. O parceiro não consegue concluir sua fala sem que o seu discurso seja cortado. É um comportamento desrespeitoso. A interrupção corta o fluxo espontâneo da comunicação, sem que consiga ser expresso o que é pensado. Aquele que é castrado na fala, com os anos, vai desistindo de conversar. Um abismo entre ambos se instala. É comunicação castrada.

O EXALTADO

Quando a linguagem facilmente se torna exaltada. O casal começa a falar mais alto ou a gritar sempre que um tema mais complexo surge. Os xingamentos são comuns e a tensão instala-se rapidamente.

A linguagem é pesada e tensa. A comunicação tem tons de agressividade e violência. Na verdade, sequer pode ser considerada comunicação.

O DISTRAÍDO

Hoje, o telefone celular, com toda sua tecnologia de encantamento, como WhatsApp, Facebook, Instagram e tantos outros aplicativos, está criando um grande distanciamento entre as pessoas. A comunicação está sendo exilada em paraísos mais atraentes, mesmo que irreais. Não há como negar que esse universo é muito sedutor. O maior vício da história da humanidade são as redes sociais, de acordo com estudo publicado em 5 de fevereiro de 2022, por Willians Fiori, professor do Hospital Israelita Albert Einstein. Há, aproximadamente, cinco bilhões de smartphones ativos no mundo. Praticamente a humanidade inteira está ali dentro. "Existem apenas duas indústrias que chamam seus clientes de usuários: as de drogas e as de software" — frase dita por Edward Tufte no documentário *O dilema das redes*, disponível na Netflix. *Nomofobia* é o nome da doença que caracteriza a dependência do celular ou do computador.

As distrações se instalam e limitam o casal, é como se existisse um terceiro elemento na relação. Sempre que algo se instala entre os dois, o afastamento surge. Então, um novo modelo de relacionamento é instituído: o distanciamento regular. Um no sofá, outro no quarto. Um na sala, outro na cozinha. Como fazer para reaproximá-los? É comunicação interrompida por uma tecnologia aparentemente inofensiva, mas de grande impacto negativo no casamento.

O INSATISFEITO

Quando uma pessoa está insatisfeita com a própria vida, a queixa torna-se rotineira e cansativa. A pessoa queixosa transmite uma aura pesada, desagradável e sua posição é de vítima. Ninguém gosta de estar perto ou de conversar com pessoas dessa natureza. Quase tudo o que sai da boca dessas pessoas é reclamação e frustração. É desapontador para um otimista conviver com essa pessoa. O silêncio se torna um recurso de sobrevivência. As fugas para o álcool, esportes e entretenimento surgem como estratégia para higienizar o contexto. É comunicação densa.

O DESCONFIADO

Um dos dois está sempre querendo interpretar ou adivinhar o que o outro pensa, o que o outro faz ou com quem está. É muito interrogativo, desconfiado, procura ler nas entrelinhas do que o outro diz para ver se encontra alguma contradição. Fica pescando sobre as ideias do outro, ao invés de ser direto e objetivo. Quando o cônjuge atende um telefonema, a primeira pergunta que o desconfiado faz é: "Você está onde?" É comunicação de controle.

O COMPARATIVO

Neste tipo de comunicação são trazidos elementos de fora para dentro da relação. É uma comparação habitualmente diminutiva. Por exemplo: "Minha mãe cozinha melhor"; "Meu pai consertava todas as coisas da casa e você paga para alguém fazê-lo"; "Meu colega de trabalho me dá mais atenção do que você"; "Minha colega me elogia, ao passo que você só me critica" — e assim por diante. A comparação é feita como um julgamento, uma crítica para reduzir o outro. É comunicação depreciativa.

Cada casal precisa identificar que tipo de comunicação utiliza para evitar que os desgastes ocorram. Desta forma, dificilmente a comunicação se perderá ou será relegada a um segundo plano.

Jamais o diálogo deve ser evitado. O casal poderá ter sérios problemas se a situação ficar crônica. Tudo o que se torna crônico é mais difícil de tratar.

A MÁ COMUNICAÇÃO É UMA DAS CAUSAS DO DISTANCIAMENTO AFETIVO.

∞

UM CASO NO CONSULTÓRIO

Lembro de um casal que criou um ritual sagrado nas quartas-feiras à noite. João Carlos comentou: "Eu fazia o churrasco, enquanto Mariana preparava a mesa, servindo duas taças de vinho para coroar o nosso momento. Instituímos como rito sagrado. A gente conversava, ria e chorava quando havia necessidade. Lavávamos nossa roupa suja. A gente fazia uma espécie de terapia. Quando o tema era complexo, mais de uma taça era servida".

Já tem um bom tempo que essa tradição é mantida. Eles têm sido leais às quartas-feiras. Neste divo momento, contratos e acordos são selados com a tinta do saboroso néctar do Deus Baco[2]. Muitos são cumpridos, outros nem sempre. Os acordos fazem parte da comunicação de um casal.

O casal era jovem, colérico e explosivo. Ambos têm descendência italiana.

— Ele não fala, grita! Parece que está sempre me xingando. Fico intimidada com a voz dele — comentou ela ressentida.

2. Baco, ou Dionísio, é considerado pelos povos antigos o deus do vinho e das vinhas.

— Ela é estúpida, uma grossa! — defendeu-se ele.

O Sul do Brasil é rico de descendentes italianos e muitos têm o hábito de falar alto, numa *oitava acima*, dando a impressão que estão brigando uns com os outros. Algumas pessoas dizem que os italianos são muito afetivos, porém grosseiros. Se alguém quiser saber realmente como são, basta fazer uma viagem para a Itália. Certamente retornarão com o veredito na mala. Eu o descobri em pleno voo certa vez que fui para lá, antes mesmo de tocar o solo italiano. Um dos tripulantes, olhando diretamente para mim, gritava e gesticulava muito. Como ele falava muito rápido, não entendi nenhuma palavra. Até hoje, desconfio que eram xingamentos.

Voltando ao caso clínico, a esposa tinha uma personalidade meiga e aparentemente frágil, mas dona de uma voz forte e vigorosa. Ele, por sua vez, possuía voz de trovão, uma verdadeira epopeia lírica, voz de barítono lembrando os tons vocais dos saudosos Tim Maia e Elvis Presley.

Eles bebem vinho e se alegram facilmente. Da alegria vem a exaltação, e da exaltação as cordas vocais se expandem e o timbre das vozes engrossa. O cenário está desenhado. Ela fica furiosa porque se sente ferida com o vozeirão dele. Acha uma grosseria. Na fúria, dispara: "Vá embora desta casa", "Suma da minha vida". Esta é uma expressão curiosa na briga dos casais. Quando alguém manda o cônjuge ir embora, significa dizer: "Some da minha frente! Mas, se tu fores, eu te mato". Impossível não achar graça. Até hoje ele se magoa quando ela o manda ir embora. Mas ele não vai. Já compreendeu que é força de expressão, da boca para fora, como se diz. Em sua defesa, argumenta: "Ela não admite ceder, pensa que é perder. Até quando perde ela diz: 'Ganhei uma derrota.' Ganha até quando perde. Beira o ridículo".

Juntos, estão reconhecendo o tipo de linguagem que utilizam nas discussões, tendo uma melhor consciência do que dizem e do tom da comunicação. Nas entrelinhas das brigas, o amor está presente, é facilmente perceptível. O amor e a admiração sempre prevalecem no final. Ambos reconheceram: "Já fomos mais horríveis um com o outro. A terapia tem nos ajudado a sermos mais elegantes na linguagem", concluíram eufóricos.

∞

Uma curiosidade à parte sobre o relacionamento desse casal. Os pais dela se mostravam contra a forma com que se relacionavam. Segundo João Carlos, não teriam eles o direito de se manifestarem, já que não haviam tido êxito no seu próprio relacionamento. Para ele, os pais da esposa viviam brigando. "Separaram-se, então, não têm moral alguma para cobrar algo de nós. Cada um cuida do seu casamento".

Queridos pais, vão com calma nesse campo. Não se intrometam na vida matrimonial dos filhos, caso contrário, eles não crescem.

Permitam que eles arrumem a bagunça que causaram. Nem sempre vocês serão os melhores conselheiros, porque o seu julgamento raramente é imparcial. Orientem a buscarem ajuda profissional específica. Não é assim que se faz? Quando precisa auscultar o coração, não é indicado procurar um cardiologista? Quando a visão está deficiente, não é um oftalmologista o profissional mais adequado? Não carreguem o peso de encerrar uma relação matrimonial. Um dia, esta conta virá. Ouvir sim, mas decidir jamais! É abuso da função de pais, talvez uma incompreensão de seu limite, que é criar e educar.

Qual relação uma pessoa tem o direito real de avaliar ou resolver? Somente a sua própria, nenhuma mais.

A questão maior não seria separar um filho(a) porque não gosta da escolha que ele(a) fez, e sim separar filhos dos pais, para quem já os tem.

Quem tem o direito de separá-los? Não seria um crime contra a família? Embora isso possa ser polêmico, os netos não deveriam saber dessas verdades? Nessa hora, muitos *dão o tapa e escondem a mão*. A mesma coragem que foi evocada para cometer esse ato é a que deve ser acionada para assumir essa atitude.

No íntimo de alguns avós, há um desejo obscuro e talvez inconsciente de querer *roubar* o(a) neto(a) para si.

Claro que, no caso de existir algo de grave ocorrendo, alguma intervenção jurídica pode se fazer necessária. Mas, normalmente, a maior gravidade é um desafeto dos pais com as escolhas afetivas do filho(a).

Quando adultos, deve-se dar ouvidos aos pais, mas não há mais necessidade de ter obediência cega ao que eles pensam ou dizem. Todos têm o direito de pensar e de se comportar da forma que julgarem mais apropriada para a sua vida. Por consequência, os filhos não podem culpar os pais pelas suas escolhas. A banda Legião Urbana retrata, na música *Pais e Filhos*: *"Você culpa seus pais por tudo, e isso é absurdo. São crianças como você. O que você vai ser quando você crescer?"*

Caso os pais queiram participar da vida matrimonial dos filhos, têm que oferecer algo de responsável, que faça sentido. Caso contrário, não querem ajudar, estão apenas querendo que seus *filhinhos* lhes obedeçam. Nesses casos são os pais que ainda não amadureceram. São eles que precisam de ajuda. Possivelmente, o melhor conselho seja: *Filhos, busquem ajuda!*

Ainda vale a antiga regra: o melhor conselho é o que foi demonstrado e não o que foi ensinado. O exemplo! Muitos se defendem dizendo: "Não quero que eles errem onde eu ou nós erramos". Não permitam invasão a esse ponto. Cada história é uma história; cada vida é uma vida; cada relacionamento é único e singular e os contextos podem ser muito diferentes.

Cada um deve decidir a forma como quer viver a sua vida. Caso contrário, sua vida ainda não lhe pertence, e sim aos seus pais. Há que se buscar a emancipação emocional ainda que errando e sofrendo pelas escolhas imaturas dos atos impensados. Não há caminho fácil para a realização pessoal e para a construção da maturidade dos sentimentos. De fato, é caminho complexo!

∞

Quanto ao casal, hoje, um pouco mais de longe, vejo a contínua evolução de ambos. De tempos em tempos, retornam e confessam seus fracassos e seus êxitos. É nítida a evolução da forma com que se comunicam, sendo mais respeitosos um com o outro. Continuam com os temas de casa, trabalhando a relação para validar o amor, a cumplicidade, os bons rituais e a boa comunicação construída pouco a pouco, mas de forma segura.

Todo casal precisa ter seu ritual. Como sou morador da Região Sul, temos o chimarrão, que se tornou uma calorosa bebida, rica em simbolismos de afeto e de trocas. São compartilhados o líquido e a prosa, as alegrias e as dores, as angústias e os prazeres. Há quem afirme que esse ritual é terapêutico. Alguns terapeutas desconfiam que a *cuia* trabalha o elemento feminino e a *bomba* o elemento masculino e que, em primeira instância, representam o relacionamento do pai e da mãe, agora refletidos nos comportamentos do próprio relacionamento. Enquanto saciam a sede, sem que percebam, elaboram seus conflitos, sonham seus sonhos, contam os acontecidos do dia e trocam palavras. Nem todas cariciosas. Mas trocam palavras, isso é o que importa.

Necessidade é uma palavra-chave de toda relação. Comunicar ao cônjuge sobre suas necessidades é o primeiro passo para que elas sejam conhecidas e atendidas. São essenciais para manter um relacionamento. Atendê-las é tão ou mais importante do que atender ao amor. Cada um deve mostrar e valorizar as suas necessidades. E *brigar* por elas, se preciso for.

> E O QUE SERIA O AMOR, SENÃO O PREENCHIMENTO DAS NECESSIDADES?

Como o óbvio sempre deve ser lembrado, é importante fixar que o casal que tem suas necessidades supridas é realmente mais feliz. Ser solidário e interessado pelas necessidades do cônjuge faz parte do *pacote* chamado casamento.

Despensa ou depósito é um espaço de uma casa destinado a guardar os mantimentos. Sempre que algo está faltando ou prestes a faltar, é necessário que alguém a abasteça. Na iminência de faltar alimentos, uma intranquilidade instala-se no lar. Algo está faltando. Quando o *celário* está abastecido, a paz volta a reinar. Assim são as necessidades afetivas. Quando preenchidas, há paz no coração de todos. A paz não é uma grande riqueza? Na raiz de todo sentimento ruim ou negativo está uma necessidade não realizada.

Em todo lugar encontramos vulnerabilidade. De certa forma, todos as têm em grau maior ou menor, dependendo da sua história. Dentro do relacionamento, é importante aos cônjuges demonstrar suas fragilidades e suas verdades.

> MOSTRAR A FRAGILIDADE É DEMONSTRAR A PRÓPRIA HUMANIDADE.

∞

UM CASO NO CONSULTÓRIO

Simone buscou a terapia para aprender a lidar com algumas necessidades não atendidas no seu relacionamento: "São coisas simples, mas não me faço entender. Ou eu não sei pedir ou ele não sabe escutar. Ele tem se irritado com as coisas que eu peço". Notei que ela falava com muita irritação. Perguntei se os pedidos que ela fazia eram carregados também de cobrança e irritabilidade. Respondeu que sim. Então, nas sessões seguintes, solicitei que ela me relatasse exatamente como pedia e o que pedia. Notei que ela não pedia, e sim gritava, em tom muito exigente. Claro que, com os anos, de tanto pedir e não ser atendida, a frustração e a raiva brotaram igual erva daninha em um campo florido. Na sequência das sessões, ela percebeu que realmente não sabia pedir de outra forma. Isso era dela.

Uma das formas de ganhar é saber pedir. A comunicação tem que ser clara, precisa e positiva, mas não agressiva. Eu quero isso, preciso disso, isso me faz mal, isso me machuca.

∞

Um caso rápido de comunicação clara:

Este fato deu-se no início da minha prática clínica. Lembro-me de uma mãe, de nome Jussara, ter procurado ajuda por um motivo muito específico: conflitos com a sua nora Maria Fernanda.

Jussara, quando jovem, engravidou de um lindo menino, porém, o seu namorado, também jovem, não quis assumir a relação. No entanto, mostrou-se um bom pai. O fato é que ela não se permitiu viver plenamente uma nova relação e colocou o seu filho no lugar de outro possível marido. Sem perceber, *casou-se* novamente, mas agora com o filho! Configuração grave a que se desenhou. O garoto cresceu, tornou-se homem e quis uma mulher para ele. Encontrou-a e casou-se.

Entretanto, a mãe, que renunciara a todos os candidatos a marido, reclamava inconscientemente do posto que perdera para a nora. Nunca conseguiu entregar totalmente esse filho para ela. Essa entrega deve acontecer, por isso o ritual simbólico que algumas religiões possuem em que os pais entregam a(o) filha(o) a um novo homem ou mulher, no momento do casamento. Deixam seu lar de origem para constituírem o deles.

A gota que transbordou o copo foi quando, na casa do filho e da nora, Jussara pediu (ordenou) que o filho trocasse de roupa e se sentasse do lado dela, acrescentando:

— Sente-se aqui com o grande amor da sua vida.

Um pedido aparentemente inocente. A nora, mais do que depressa, respondeu:

— Agora ele é meu marido! — puxou-o pelo braço para junto de si.

A guerra que estava camuflada se escancarou. Um exemplo de linguagem clara e objetiva.

Jussara veio para a terapia para compreender por que a sua relação com a nora estava tumultuada.

Percebi que teríamos um longo caminho pela frente. E foi o que aconteceu. Depois de um tempo, apesar das resistências, Jussara percebeu que a nora não era rival, e sim uma pessoa que estava contribuindo para a felicidade do filho e, por consequência, para a sua também. Quando Jussara realmente entregou seu filho à nora, pôde finalmente encontrar um companheiro para si.

Afinal de contas, o que realmente atrai as pessoas umas às outras? Que mecanismos inconscientes atuam? É comum pensar que os opostos se atraiam, mas também é aceito que são os semelhantes que se aproximam. É possível que nem um nem outro, ou até ambos; não se sabe ao certo.

CONTUDO, O QUE É PRECISO ENTENDER É QUE A COMUNICAÇÃO É UMA LINGUAGEM DE AMOR, SENDO IMPRESCINDÍVEL PARA A SAÚDE DO RELACIONAMENTO.

LEMBRE-SE:

- O sorriso e a leveza sempre são indicativos de boa saúde mental. A seriedade e a expressão carregada podem não ser.
- Normalmente, o que adiante procuramos, é justamente o que deixamos para trás.
- Um mal-entendido é o suficiente para causar um abismo entre pessoas queridas.

O QUE É MAIS RELEVANTE PARA UMA RELAÇÃO? O AMOR OU AS NECESSIDADES PREENCHIDAS?

Capítulo 6

A TRÍADE DIVINA DAS RELAÇÕES

Amo como ama o amor. Não conheço nenhuma outra razão para amar senão amar.
Fernando Pessoa

Segundo a religião cristã, existe a Trindade Divina, composta por três entidades: o Pai, o Filho e o Espírito Santo. Este conceito nos doutrina e nos catequiza, ao dizer que são aspectos da natureza de Deus.

Comparativamente, o casamento (relacionamento) também possui a sua Trindade Sagrada, composta por três entidades: uma representa o Homem, outra a Mulher e a terceira é o Relacionamento do Casal (RC).

As duas primeiras entidades são materializadas (homem e mulher) e a terceira é simbólica, subjetiva e imaterial. A tríade não está ligada a gênero ou orientação sexual, pois a relação afetiva pode estar composta por duas pessoas do mesmo sexo. A terceira entidade, também nestes casos, é o Relacionamento do Casal.

> NA TERAPIA DE CASAL, O PACIENTE É A RELAÇÃO, O RELACIONAMENTO, E NÃO O CASAL.

Quando os parceiros buscam a terapia de casal, o paciente não é o homem nem a mulher, e sim a relação. O terapeuta olha como se encontra a saúde do RC. É para lá que os olhares dirigir-se-ão.

As três entidades possuem grande importância, entretanto, a terceira entidade é que aponta o destino do casal ou da relação. Dada a sua importância, é preciso compreender sua força e suas dinâmicas.

O terceiro elemento da tríade — Relacionamento do Casal — jamais deve ser esquecido, negligenciado, ou deixado de lado. Precisa constantemente ser reconhecido, alimentado e fomentado.

Tudo o que alimentarmos cresce, tanto o aspecto escuro quanto o aspecto claro da força — já dizia o Mestre Jedi. Se alimentarmos o conhecimento, ele cresce; se alimentarmos um filho, ele se desenvolve; se alimentarmos o amor, ele floresce; e se alimentarmos boas amizades, elas darão bons frutos.

Da mesma forma, se alimentarmos o rancor, ele cresce; se alimentarmos a vontade de se separar, ela se agiganta; se alimentarmos a vontade de usar algum tipo de droga, ela se apresenta de forma atraente; se alimentarmos a vontade de trair, ela se oportuniza e assim por diante.

MAS O QUE REALMENTE É O RELACIONAMENTO DO CASAL?

É o elemento regulador da relação, é ele que dá o equilíbrio, que indica a temperatura e que mostra o real estado em que os amantes se encontram. Por isso é um dever compreendê-lo, dar-lhe um lugar importante, cultivá-lo e honrá-lo. Ele é o coração e o termômetro do casamento. Se ele não estiver em equilíbrio, o casal também não estará.

Os créditos de todos os investimentos afetivos que o casal faz vão para o RC.

Dentre vários atributos que uma relação deve ter, dois são imprescindíveis: longevidade e qualidade. Muitos casais conquistaram a longevidade da relação, mas não a qualidade. Seguramente, é uma relação questionável.

∞

OS CRÉDITOS!

Quando o cônjuge acorda cedo e faz um cheiroso e saboroso café, entenda que esse café não é somente para o outro desfrutar. A questão não é o café em si. O que conta é o gesto, o carinho, a dedicação, a entrega, o amor que a pessoa está dando para o RC. Desta forma esta entidade ganha importância, atenção, estabilidade, longevidade e, especialmente, qualidade.

São coisas simples do cotidiano, como fazer o que o outro gosta, passar na padaria e comprar o doce preferido, preparar a janta especial que o cônjuge aprecia, comprar a espumante preferida, lembrar de uma data importante, fazer elogios, palavras amorosas, toques afetivos...

Não são coisas difíceis de se fazer. Esses comportamentos carinhosos do cotidiano são compreendidos como investimentos no amor, na manutenção do casamento, na estabilidade da relação, na segurança que ambos necessitam, enfim, são movimentos que enriquecem o RC.

Ainda, dar um sorriso espontâneo pela manhã e um malicioso à noite (não necessariamente nesta ordem), mandar um emoji do nada, levar o pet para passear, ir à praça, apoiar a religião que o parceiro acredita, cumprir com as demandas sexuais... são investimentos creditados para o RC.

Os investimentos no RC garantem a qualidade do casamento. Cumprir os acordos feitos pelo casal, honrar os contratos, valorizar a família do parceiro, incluir os amigos, dividir as tarefas do cotidiano, acompanhar o desenvolvimento dos filhos... enfim, cada um deve fazer a parte que cabe a si. Estes investimentos dão suficiente materialidade para manter o relacionamento cheio de vida e especialmente de credibilidade.

Todos os movimentos não são somente para a pessoa que está ao seu lado dividindo as cargas e compartilhando as alegrias, são também para essa preciosa entidade, meio humana e meio divina, que é o Relacionamento do Casal.

O que precisamos compreender: enquanto essa entidade estiver preenchida, o casal não se separa. Não haverá um porquê, não haverá motivos ou razões que sejam suficientes para justificar a separação.

∞

OS DÉBITOS!

É comum falhar com o parceiro, dizer que vai chegar em tal hora do futebol e não chegar, dizer que está pronta para a festa e atrasar, dizer que este ano vai escolher o roteiro das férias e não fazer. Pode prometer que no próximo fim de semana vai jantar fora, e não cumprir, afirmar que vai na casa do sogro(a) e fingir esquecer, ou outras tantas falhas. Contudo, essas são gafes de pouca envergadura.

Há, porém, vaciladas passíveis de maiores estragos. Chegar tarde da noite com inexplicável tintura de batom na camisa, ou com perfumes e aromas estranhos; beber demasiadamente, conflitos diversos advindos das redes sociais, contrair dívidas financeiras sem consultar o cônjuge, agressividade verbal, não dar a atenção e o carinho devidos, entre tantas outras insensatezes.

Nos relacionamentos acontecem coisas graves, mesmo assim, muitos não se separam. Acontece com muita frequência. Incrível perceber que algumas pessoas, e isso inclui amigos e familiares, não compreendem como o casal ainda consegue estar junto. Os juízes de plantão, que se dão o direito ilegítimo de sentenciar a vida alheia, não sabem o que realmente se passa na intimidade do casal.

Quem concede o perdão das dívidas (falhas) de um casal é o próprio casal. É direito intransferível.

∞

A BALANÇA!

Os créditos contam muito nesses eventos mais doloridos. Muito mesmo! No casamento em que o RC tem muitos créditos, fica mais fácil de perdoar eventos desagradáveis. Quando investimentos foram efetuados anteriormente na entidade RC, a relação continua fortalecida e não é qualquer fato que vai desconstruí-la. Este é o grande ponto. Quando a entidade está consistente, o casamento tem estrutura para lidar com seus problemas. É como se os membros da relação tivessem mais direitos de errar devido a tantos acertos. Muitos casais construíram um RC invejável.

A receita é simples: os créditos enriquecem e, especialmente, protegem o casamento. Os débitos o empobrecem e o ameaçam. O que importa é o saldo da balança.

O casal que não construiu a Tríade, especialmente a entidade RC, sofre riscos de ver seu casamento sucumbir com mais facilidade, em alguma crise mais relevante.

Um relacionamento pobre de investimentos é um relacionamento instável.

Via de regra, um reclama mais que o outro no relacionamento. Está insatisfeito, traz problemas frequentes para casa, fala em separação, sendo que pouco contribui para que a relação melhore. Quase nunca está bem, exige mais, cria conflitos ou situações desgastantes para a relação. Essas reclamações podem ser estendidas aos amigos, aos familiares, ao fazer-se do contra ou de humor difícil. Esses investem poucos créditos na entidade RC, esvaziam o que tinham e ainda a empobrecem. Nesses casos, os débitos têm um peso maior, não há uma entidade que os defenda.

∞

> HAVENDO CRÉDITOS, A RELAÇÃO SOBREVIVE E O AMOR VENCE A INSENSATEZ.

Na avaliação dos deslizes, os investimentos feitos são considerados. Os acertos entram na balança da justiça do casal. O bom senso participa das negociações e os créditos dão elasticidade no julgamento dos erros do cônjuge.

O casamento é uma entidade que possibilita um dos maiores crescimentos que uma pessoa pode ter neste mundo. Porém, nem sempre é território seguro e acolhedor, pois pode gerar alguns ferimentos mais profundos que marcarão para sempre.

Entretanto, qual instituição pode dar tanto? Em qual contexto podemos desenvolver grandemente a capacidade de dar e de se permitir receber amor?

LEMBRE-SE:

- Não dê ao outro a difícil missão de fazê-lo feliz. Compartilhe as demandas e invista nas necessidades do seu cônjuge. Esta direção é segura para ser feliz.
- Chorar com frequência não é sinal de amadurecimento. Mudar atitudes é.
- Mesmo nas relações mais maduras, diversos problemas podem ocorrer. Resolvê-los sempre será o melhor caminho. Apenas reclamar e vitimar-se não ajudará em nada.

NO ÍNTIMO, OS QUE CASARAM NÃO GOSTARIAM DE SE SEPARAR.

Capítulo 7

TREINADOS PARA FERIR

— Mestre, como devemos tratar os outros?
— Não existem outros — respondeu pacientemente o mestre.
Autor desconhecido

Minha esposa e eu, certa vez, andando por um bairro arborizado de nossa cidade, encontramos um lugar maravilhoso. Foi uma sorte imensa ter encontrado aquele espaço. Sorte, merecimento ou destino? Não sei responder. Foi curioso e esquisito como chegamos até aquele pequeno paraíso. Ao passarmos pela frente da casa, um senhor muito simpático acenou para a gente, e com gestos convidativos, solicitou que parássemos o carro. Achamos estranha a sua atitude, porém, devido à sua honesta simpatia, desliguei o veículo e fomos em sua direção.

— Entrem, por gentileza. Vi que vocês estavam olhando para dentro do pátio e resolvi convidá-los para conhecer o lugar — disse com ar de alegria, já adentrando o pátio.

Carinhosamente mostrou-nos todo o lugar, os espaços externos, a casa e os ambientes internos da residência. Gesto muito incomum. Eu e minha esposa nos olhávamos um tanto desconfiados, mas isso não impediu que prosseguíssemos com o pequeno, mas excitante tour.

— Gostaram? — perguntou ele, virando-se para nós.

— Adoramos o lugar, de verdade! — exclamei.

— Está à venda! — disse ele rapidamente.

Um misto de entusiasmo e surpresa apoderou-se de nós. Mesmo impactados com a rapidez como tudo aconteceu, trinta dias depois nos mudamos para lá.

O que me reportou a esse lugar foi o fato de que, quando fomos morar lá, residia uma senhora com seu filho, nos fundos do terreno. Ela possuía um poodle que mantinha amarrado a uma grossa corrente. Na primeira vez em que o vi, assustei-me com sua aparência. "Um poodle acorrentado? Que coisa horrível", pensei. Naquela circunstância, parecia impossível não julgá-la. Como que por instinto e por gostar de cachorro, inclinei-me para acariciá-lo. No mesmo instante levei um tremendo susto com o brado da senhora:

— Não toque nele! — gritou imediatamente.

Em um gesto impulsivo, pulei para trás, sem compreender nada. O cão, parecendo endiabrado, avançou como se fosse um feroz pit bull treinado para matar. Não estava acreditando no que via. Caramba! Olhei melhor para ver se não tinha me enganado. Limpei as lentes do óculos, mas o que continuava vendo era um poodle agressivo. Atrevi-me a perguntar:

— O que aconteceu com esse poodle?

A senhora, que tinha uma cara fechada e certamente tinha suas razões, respondeu com absoluta naturalidade:

— Eu o treinei para ser um cão de guarda. Desde filhote, coloco pimenta na comida dele. Faz mais de dez anos que faço isso. Hoje, é um excelente guardião, raivoso que só vendo — disse a senhora orgulhosa pelo seu grande feito.

— Já percebi — respondi-lhe após um longo silêncio.

O carinhoso e amistoso poodle fora treinado para ferir. Parece que funcionou.

Hoje, não moramos mais nesse lugar, mas ele encontra-se mais maravilhoso ainda. Ali funciona uma ILPI — Instituição de Longa Permanência para Idosos. Muitas pessoas desfrutam da propriedade.

∞

Freud proferiu uma memorável frase: "Quando Pedro me fala sobre Paulo, sei mais de Pedro que de Paulo". Falar mal do outro é uma espécie de confissão, isto é, quem acusa, na verdade, confessa. Confessa um crime? Não, uma necessidade! É prática comum e venenosa em nossa adolescente sociedade, que está lentamente pretendendo avançar de jovem para adulta eticamente falando.

Normalmente, a crítica é tóxica. Uma pessoa que critica tudo é uma pessoa nociva, está com raiva de tudo, de todos, do mundo, e torna-se uma pessoa desagradável para se conviver. Os críticos são ácidos e têm personalidade venenosa, pois falam o que querem, da forma que querem e quando querem. Falta-lhes empatia, simpatia e amabilidade.

Os críticos deveriam trabalhar melhor a raiva contida em si mesmos, que originariamente surgiu de alguma dinâmica com o pai ou com a mãe, também ácidos.

Sua raiva original é contra algum dos pais porque acredita que não ganhou aquilo que deveria receber. Uma mãe mais preocupada com seu sucesso pessoal ou profissional, pouco amorosa, não muito presente e distanciada afetivamente, é um exemplo. Ou um pai exigente, que prometia dar amor se o filho atendesse suas expectativas, que eram quase inalcançáveis. Quem paga essa conta? A sociedade. De fato, é chocante.

Normalmente, um dos dois apresentou uma fala mais dura, de cobrança, uma voz carregada de críticas. O filho que é demasiadamente criticado não consegue fazer um bom vínculo afetivo com o genitor que o fere. O vínculo não é construído de forma saudável. O filho vai tentar ficar o mais longe possível desse pai ou dessa mãe.

A crítica mal pontuada causa ferimentos profundos. “O ofensor nos ensina quão agressivos e desagradáveis somos ao ferir alguém” (Chico Xavier).

Afinal, quem paga a conta da nossa infância mal resolvida? Primeiramente, nós mesmos. Depois, os que cruzam nosso caminho, especialmente os que convivem diretamente conosco, os mais próximos. Todos, de alguma forma, sofrem pelas mazelas da infância dos outros.

Deveriam existir cursos formadores de críticos, uma espécie de curso superior, de graduação, exclusivamente para aprender a criticar da forma mais madura e menos tóxica possível. Dessa forma, o crítico teria uma formação técnica e humana, aprimorando o que já é bom e desenvolvendo aquilo que é deficiente ou insuficiente.

Para se ter uma boa saúde psíquica, deve-se evitar conviver com pessoas *acidificadas*, pois elas causam irritabilidade e mal-estar. Os críticos ácidos, os que ferem por prazer, possuem demônios muito exigentes dentro de si e, de vez em quando, necessitam exorcizá-los. Quem convive por anos com uma pessoa crítica não percebe os prejuízos que contabiliza na sua autoestima e amor-próprio.

Dependendo da forma com que a crítica for destilada, pode ser entendida como uma espécie de *bullying*, utilizando palavras como ferramentas cortantes sem se importar com o sentimento alheio, revelando uma reduzida capacidade de manifestar empatia. É uma espécie de altivez moral, no sentido de arrogância ou soberba.

Por vezes, nada mais é do que um feroz e insensato ataque. É importante saber diferenciar uma crítica realmente interessada na melhoria, de um simples e desequilibrado ato agressivo.

> ASSIM COMO O POODLE, O CRÍTICO ÁCIDO TAMBÉM FOI TREINADO PARA FERIR.

A questão toda é despertar nos críticos um olhar para si mesmos, que se conheçam e observem a forma como fazem suas duras observações. A maioria não dimensiona os danos que acabam impondo às pessoas de sua proximidade. Seguidamente, surgem nos consultórios terapêuticos vítimas da convivência com aqueles que os depreciam constantemente. A crítica pela crítica é uma maléfica depreciação.

Os críticos são bastante inteligentes, sua racionalidade é extraordinária. Possuem um olhar minucioso, pois enxergam detalhes não observáveis para muitos. São úteis para o desenvolvimento de algumas áreas, justamente pelo raciocínio técnico e objetivo.

Entretanto, pode faltar-lhes humanidade porque, às vezes, destilam a crítica como uma espécie de veneno perverso. O que está por trás disso é uma agressividade latente, pulsante, sempre em ebulição. Um talento que muitas vezes traz mais problemas do que soluções efetivas.

Usam o *sincericídio*, que é um comportamento baseado numa excessiva sinceridade. Por vezes, os críticos parecem ser crianças, acham que podem dizer tudo, em qualquer momento, sendo desagradáveis e inoportunos em seus comentários. Hoje, com o advento e o crescimento das redes sociais, tornar público este tipo de agressão é um comportamento patológico recorrente. Sentem-se autorizados a agredir na chamada *terra sem lei*, o que é um tremendo equívoco, para dizer o mínimo.

Outro aspecto importante: os demasiadamente críticos foram educados e treinados para a competição. Não gostam, não sabem perder e têm o instinto para a agressividade inflado. O que lhes faltou? Treinamento para a cooperação, para a solidariedade, para a empatia.

Desde cedo, os filhos devem ser criados em um ambiente solidário dentro de casa. Dessa forma, os pais os educam para que participem de todas as tarefas de acordo com sua idade. Isso se chama cooperação.

> UM LAR COOPERATIVO, UM ADULTO SOLIDÁRIO!
> UM LAR COMPETITIVO, UM ADULTO CRÍTICO!

O primeiro, na vida adulta, volta-se para o ser; o segundo, volta-se a provar que é o melhor e para o ter.

COMO FAZER UMA CRÍTICA SEM SER TÓXICO OU PERVERSO?

É necessário construir habilidades. Sim, elas podem ser construídas. Os críticos têm tanto a ensinar quanto a aprender. Imagine o quanto um crítico, com sua mente inteligente, pode fazer pela sociedade? Distribuindo seus recursos assertivos, mas com leveza e amorosidade? Quem sabe, um dia, o tempo perdido utilizado na crítica destrutiva não poderá ser usado para a construção, para a contribuição sadia e de fato útil para o bem comum?

Nos relacionamentos, a crítica pode ser muito danosa. Na maioria das relações, um se posiciona mais acusativo, mais cobrador e mais exigente; como um juiz dos comportamentos do cônjuge. Uma pergunta que não quer calar: quanto está em nós mesmos daquilo que tanto criticamos ou julgamos nos outros? Relembremos da afirmação de Freud: "Quando Pedro me fala sobre Paulo, sei mais de Pedro que de Paulo".

Há um crescente apelo social pela empatia, que é a capacidade psíquica e emocional que um ser humano tem de se colocar no lugar do outro e sentir o que ele sente. A capacidade empática inclui colocar-se também no lugar de outros seres vivos, como espécies animais e até vegetais.

Todas as pessoas possuem desafios internos e únicos em função da própria singularidade. Todos são especiais, mesmo tendo um universo de problemas para resolver em função da sua história. Por isso é importante desenvolver um olhar para o coração do outro e compreender as dificuldades únicas que cada um enfrenta, os limites que se desconhece. Todos estão em sua batalha pessoal contra seus medos e angústias.

Atributos como paciência, tolerância e cuidado são ferramentas preciosas que precisam ser desenvolvidas quando alguém direcionar um olhar a outro ser humano. A diferença ainda é gritante entre ser *um humano* e ser apenas *humano*. No íntimo, sabemos que todos nós caminhamos para a evolução de um coração mais augusto e compassivo.

LEMBRE-SE:

- Julgar ou amar? Não é possível fazer as duas coisas ao mesmo tempo.
- Ao aceitar e acolher seus defeitos, o poder dos outros sobre você extingue-se.
- É comum encontrar, por trás da crítica, uma inveja dissimulada.

CRITICAR CONSTANTEMENTE
OS OUTROS NÃO SERIA UMA
TENTATIVA DE DESVIAR O OLHAR
SOBRE ALGO INACEITÁVEL
EM SI MESMO?

Capítulo 8

AMOR ROMÂNTICO

Se for para desistir, desista de ser fraco.
Autor desconhecido

Na prática, o amor romântico não funciona! Esqueçam ele. É disfuncional. O mito do amor romântico tende a idealizar o outro e atribuir-lhe características que, na verdade, pode não ter. Só o romantizado enxerga-as, por isso ele não prolifera. É juvenil demais. O amor *Romeu e Julieta* é caracterizado como um arquétipo de amor tipicamente juvenil, imaturo, irresponsável e muito exigente. Sim, o amor romântico é um dos mais exigentes de todos.

Para muitos, o modelo de amor romântico é o de *Romeu e Julieta*. Este clássico de Shakespeare trata de uma dolorida e trágica história de amor entre dois jovens de Verona, na Itália.

As famílias Montéquio (Romeu) e Capuleto (Julieta) possuíam antigas desavenças que se transformaram numa espécie de guerra, e o romance dos jovens (entre 16 e 17 anos) não era aceito por elas. Então, Romeu e Julieta planejaram fugir para viverem sua história de amor. No final, após algumas trágicas mortes, Julieta tomou um remédio que a faria dormir por algumas horas como parte de uma estratégia. Romeu, que não conseguiu ser avisado a tempo do plano da sua amada, ao vê-la naquele estado e supondo-a morta, suicidou-se ingerindo veneno mortal. Julieta, por usa vez, ao acordar do coma induzido e vendo seu amado inerte, sem vida, pegou o punhal de Romeu e suicidou-se também.

Resumidamente, as famílias se odiavam e os amantes se suicidaram, não sem antes acontecerem outras mortes. Ao todo foram cinco mortes e uma não concretização do amor. Romântico? Onde está o romantismo? Em morrer juntos envenenados? Na incapacidade de encarar sua vida e seus desafios? Em não ter força para enfrentar a própria família ou a desaprovação? Quantos amores destinados a serem vividos não aconteceram para não desagradarem aos pais? Que amor é esse? Um amor fraco, indecente e incapaz. O amor romântico é realmente um bom modelo para seguirmos? Venderam-nos uma ideia falsa e equivocada sobre ele e nós a compramos. “Uma mentira dita muitas vezes torna-se verdade”, como dizia Goebbels, ministro da propaganda de Hitler.

Outro exemplo: o amor de novela, em que no final todos são felizes e toda a trama, por mais emaranhada que seja, resolve-se em um ou dois capítulos? Como se assim fosse. Sonhar faz bem ao coração e acalma a alma. Mas o romantismo do início desaparece após alguns meses e a vida real vem com todo seu peso e sua rotina, chamando-nos para a responsabilidade de construirmos e mantermos esta dádiva, que é o amor.

MUITOS SÃO BONS EM CONQUISTAR, MAS IMATUROS DEMAIS PARA MANTER.

A rotina tem sufocado os elementos simbólicos do amor romântico. Aos poucos, vai se descobrindo que ele não existia tal como a gente imaginava, vai se descobrindo que amor dá trabalho e não é pouco.

Relembrando: amor é para os adultos, é para gente grande. As crianças e os imaturos vão ficando pelo caminho. Vão até onde suas pernas conseguem levar, nem mais um passo adiante.

Os problemas emocionais mal resolvidos que cada um tem dentro de si tornam-se pesados demais para serem carregados e acabam deprimindo a vontade e a paixão. Ademais, além de uma pessoa projetar para dentro do relacionamento suas próprias questões mal resolvidas, existem também os problemas do cônjuge, que, somados, são desafiadores para o amor do casal, especialmente se for o tipo de amor romântico estilo *Romeu e Julieta*.

O amor é desafiador em praticamente todos os momentos e nos mais variados aspectos. Quase que diariamente há algo para construir, para resolver, para discutir.

Relacionamentos exigem posturas, atitudes e mudanças diuturnamente, especialmente daquilo que se aprendeu sobre ele. O amor em si não tem problema algum, não há nada para consertá-lo. O problema é o conceito que temos sobre ele. A matemática é exata neste campo.

Atraímos o conceito que temos sobre o amor. Embora muitos insistam que possuem *dedo podre* na escolha das pessoas para se relacionarem, na verdade, atraem para si o conceito que têm sobre o sexo oposto. Se existe algo para modificar nesta área é justamente o conceito que temos sobre o amor.

Por exemplo, se uma mulher tem o conceito de que os homens traem, outra que são abusadores e outra que os homens são mais filhos do que maridos, cada uma vai atrair, buscar e relacionar-se com o seu próprio conceito. A química que se dá entre os pares está intimamente ligada ao conceito de cada um. Podemos sonhar e desejar outro tipo de modelo de homem ou de mulher, mas o que vai prevalecer no final é o conceito que construímos.

O conceito nasce da dinâmica entre os pais e daquilo que a criança viveu com seu pai ou com sua mãe, especialmente na primeira infância. Nesta fase é que nasce o conceito a partir do que a criança observou olhando *para cima* e fazendo *download* (cópia) dos modelos dos pais.

Caso o pai, por exemplo, tenha a tendência de ser cruel com a mãe, a criança vai aprendendo que o amor possui requintes de crueldade. O menino copia os modelos deste homem e normalmente repete-os na vida adulta. A regra é repetir, a exceção é construir outros padrões. A menina vai procurar e irá encontrar um homem que possua as características do seu pai. No caso acima, alguém que tenha também requintes de toxicidade ou crueldade.

Afinal, o que está no famigerado conceito de *dedo podre*? É o conceito que temos sobre o sexo oposto, é o conceito que temos sobre o amor, construído a partir daquilo que cada um viveu na história com seus pais. Hoje, o planeta encontra-se com aproximadamente oito bilhões de habitantes. Acredite, são oito bilhões de conceitos sobre o amor, porque cada ser humano é único e sua história com seu pai e com sua mãe é singular. Mesmo dois irmãos gêmeos possuem uma história singular com seus pais e terão seus próprios conceitos.

Os diferentes conceitos que cada um tem ressurgem na vida adulta dentro dos seus relacionamentos. As distintas crenças de cada um vão gritar até serem ouvidas. O choque dos conceitos é inevitável. O que se faz? A indicação é ajustá-los, negociá-los de tal forma que ambos os conceitos sejam validados e incluídos até que o casal estabeleça um bom acordo. A recomendação é encaixar as peças, lapidar as arestas e seguir à procura de uma melhor qualidade de vida para a relação. Um cede aqui, outro negocia acolá e o relacionamento segue crescendo em amorosidade e maturidade. Com certeza, o resultado aparece para quem fica até o final, até o apagar das luzes. Se abandonar sem tentar, não poderá ver as engrenagens encaixando-se e fundindo-se. Os desertores jamais verão esse final. Somente se curarem seu aspecto abandonador.

Quando o casal não dá conta de resolver suas questões, deve ir em direção à ajuda. Os que buscam, geralmente encontram as respostas: nem sempre as que queriam, e sim as que precisavam.

Alguns acreditam que conhecerão a felicidade somente se seu cônjuge completá-los. É como se o outro tivesse a total responsabilidade de o fazer feliz. Ao se apaixonar no modelo do amor romântico, há uma inocente ideia de que o outro irá satisfazer todas as suas necessidades. Há expectativa de uma paixão avassaladora que supra e complete para sempre. Essa expectativa torna-se, no íntimo, uma exigência. Praticamente obriga o outro a trazer a felicidade para casa, como se fosse um produto que se compra pronto. Esse modelo é de tirania, já que o cônjuge deve atender toda espécie de demanda. Isso representa mais um amor explorador do que um amor que contribui e engrandece.

∞

UM CASO NO CONSULTÓRIO

Lembrei de Joaquim, um paciente que está se dando conta na terapia do tipo de amor que sua esposa — Rozane — está programada para exigir dele. Sua mulher se diz romântica, segundo ele. Vamos analisar, brevemente, esse modelo que milhões no mundo carregam.

— Minha mãe me ensinou que os homens sempre devem dar tudo o que uma mulher necessita. É o mínimo que um homem deve fazer por uma mulher. Lembro-me da mãe dizendo que somos o sexo frágil, meigas, delicadas e por isso devíamos ser sempre paparicadas e atendidas nas nossas vontades. Se não fosse assim, o homem não valeria a pena. Frases que sempre escutei de minha esposa — disse ele consternado.

Vamos nos lembrar que o primeiro modelo de relacionamento que é gravado na nossa mente é o modelo sugerido ou vivido pelos pais. Aquilo que programamos na cabeça dos filhos, mesmo sem perceber, eles tendem a cumprir, ou pelos menos irão tentar executar com certa naturalidade. Isso acontecerá de forma inconsciente, isto é, irão caminhar na direção do destino planejado pelos pais sem se darem conta. Acreditam que estão no comando do seu destino no que se refere a relacionamentos. Somente quando percebem o modelo que estavam escravizados a reproduzir é que podem transformar e viver o seu próprio modelo.

O modelo interno é construído a partir das experiências que tiveram, como as viveram, como as sentiram e como subjetivaram aquilo que experimentaram com os pais. É impressionante a força que os pais têm para *manipular* seus filhos e ditar seus próprios conceitos, sempre com a pretensão de que sejam realmente melhores. Mas o melhor para si nem sempre será para o outro. Claro que o direcionamento é dado com a melhor das intenções, mas o problema não é sobre a natureza da intenção, se ela é boa ou não.

O que se questiona é o modelo que o pai ou a mãe tem dentro de si. Isso pode e deve ser questionado.

Nem sempre o modelo é bom ou saudável. Muitos são péssimos. Já não deu certo na vida deles e querem que desta vez dê na vida dos filhos. O fato dos pais acharem que é bom não necessariamente significa que realmente seja sadio.

É uma tendência natural dos filhos, via de regra, seguirem os modelos paternos uma vez que são os primeiros modelos que encontraram e gravaram profundamente no inconsciente. Carl Gustav Jung, psiquiatra e psicoterapeuta suíço, fundador da psicologia analítica, proferiu uma memorável frase que clarifica a força do inconsciente e que muitos confundem com destino: "Até você se tornar consciente, o inconsciente irá dirigir sua vida e você vai chamá-lo de destino". É duro, mas é isso mesmo.

Seria justificável e muito comum uma pessoa achar que está vivendo suas próprias crenças ou traçando seu próprio destino. Contudo, poderá descobrir no meio do caminho que, a rigor, o destino não foi exatamente escolhido por ela mesma e sim programado pelos pais, como é o caso da paciente Rozane. Ela acredita firmemente ter seu próprio modelo. Mas originalmente não é, apenas está cumprindo um destino do modelo proposto pela mãe e que hoje está lhe causando sérios problemas a ponto de praticamente perder seu casamento.

É comum os pais desejarem que os filhos tenham algo que eles mesmos não conseguiram materializar. Procuram realizar seus sonhos e fantasias direcionando os filhos a destinos não realizados por eles. Pode ser uma carga pesada para um filho ter que construir sucesso onde seus pais não tiveram.

Muitas vezes, os filhos gostariam de fazer outras coisas na vida. Essa realidade é mais comum do que se pensa, causando muitas frustrações pessoais e especialmente profissionais na vida desses filhos.

No caso acima mencionado, Joaquim está exaurido de tanto apagar incêndios financeiros sistemáticos e recorrentes provocados pela esposa. Não resta dúvida que ele a ama, mas, quando se depara com essa assustadora realidade, ele repensa o casamento.

Sempre que algo não vai bem, é importante parar tudo e olhar para aquela direção de onde está vindo o desconforto. Colocar-se como observador, ter um ponto de vista o mais isento possível.

Pecado é uma palavra tão abrangente e complexa que sempre devemos contextualizá-la. Nem sempre o que se diz ser pecado de fato o é. Neste caso, pecado é não tratar a questão com a responsabilidade merecida, com a devida maturidade.

Rozane, de maneira inconsciente, segue, por lealdade à mãe, aquilo que aprendeu sobre relacionamentos. A lealdade ao sistema familiar pode ser, conforme o aspecto, uma péssima estratégia, afinal, nem todos os modelos familiares são saudáveis.

Para Rozane, fica óbvio que esse conceito de relacionamento não é cabível para o seu casamento, porque seu marido não é milionário para satisfazer necessidades luxuosas com relativa frequência. Por outro lado, Joaquim, ao se dar conta desse modelo abusivo, não o quer mais para si, e tampouco quer prolongar esse sofrimento na sua vida. Todos têm o amplo direito de não querer modelos tóxicos para suas vidas e nem para aqueles que amam. Joaquim não está mais disposto a atender demandas que não concorda que sejam justas. E não são!

Como foi dito, os pais desejam um bom casamento para seus filhos. Todo pai atencioso e preocupado espera que sejam felizes e que nada lhes falte no campo dos bens materiais, bem como no campo dos bens imateriais e subjetivos, como carinho, amor e felicidade.

Às vezes, o que falta é somente uma boa dose de um *medicamento* que não se encontra em receitas médicas e tampouco em farmácias, chamado bom senso.

Na cabeça dessa esposa existe um modelo de amor que, originalmente, nem é dela e sim da sua mãe, mas que agora lhe pertence também, sendo de alta exigência. Existe amor que pede e amor que exige! A diferença é sutil, mas significativa.

Esse é um modelo de amor exigente. Segundo Joaquim, toda vez que ele atende demandas difíceis, ela completa dizendo: "Que romântico que tu és, meu querido marido". Por vezes, o conceito de amor romântico pode estar deturpado.

— Sabe aquela historinha do beija-flor tentando apagar um incêndio na floresta sozinho? É assim que me sinto. Estou fatigado porque parece não ter fim — disse com ar pesaroso.

— Sim, o amor exigente pode se mostrar cansativo — disse-lhe.

Joaquim pensava seriamente no divórcio, já que o carinho, a admiração e o respeito estavam dando lugar a sucessivas brigas e acusações:

— Ela me chama de mão de vaca e eu a acuso de perdulária. Estas brigas estão me consumindo.

Indiquei-lhe que procurassem terapia de casal.

— Ela não quer buscar ajuda em nenhum lugar, diz que não precisa — disse ele.

— Seguramente, os problemas continuarão. É egoísmo de uma das partes não querer ir buscar ajuda, especialmente quando alguém está suplicando socorro para a relação — acrescentei.

∞

Quando um da relação sistematicamente reclama de algo, de algum comportamento, de algum excesso ou de alguma falta, deve-se dar-lhe ouvidos. Todos os ouvidos.

Entretanto, não é isso que tem acontecido nos casamentos. Quantos ouvidos são insensíveis às justas súplicas e aos pertinentes pedidos? Quantos finais desditosos e infelizes poderiam ser evitados? Quando esta instituição chamada casamento será levada a sério, com a responsabilidade e carinho que lhe é cabível?

Os que não ouvem são os que estão colocando o casamento em risco. São eles os maiores responsáveis pelos divórcios. Precisam carregar não a culpa, mas sim o fardo da sua irresponsabilidade com pessoas a quem se comprometeram a amar e a cuidar. Quando têm filhos, a responsabilidade é aumentada.

Existem muitos casos em que o homem também está programado para *dar o infinito,* uma vez que ele também tem esse conceito: "A mulher merece que eu dê o máximo de mim, que dê tudo o que eu puder, que eu dê sem medidas". Não há problema algum quando os conceitos se encaixam. A relação está em equilíbrio quando os conceitos se completam. Os conceitos criam necessidades, e quando estas são atendidas, a possibilidade do relacionamento ser bem sucedido é elevada.

Não se sabe dizer, com segurança, se existe uma pessoa certa para alguém. O que se tem são suposições sobre o tema, não certezas! Talvez o certo seja colocar o amor que se tem para fazer dar certo. Quando se coloca o coração para algo tornar-se incrível, é provável que esse algo realmente se torne mágico.

Autorresponsabilidade é uma capacidade exigida hoje nas mais variadas possibilidades que a vida oferece. Ela é entendida da seguinte forma: cada pessoa é responsável por tudo o que acontece na sua vida, mesmo nos momentos que aparentemente esteja acima de suas possibilidades de controle; pode ser compreendida ainda como uma expressão profunda da maturidade. Dessa forma, não há nenhum espaço para o vitimismo. Nenhum!

Relacionamentos funcionam quando as pessoas estão dispostas a continuarem juntas e tratarem de *fazer dar certo*, e não somente acreditar que o destino os uniu. Pouco importa se o destino uniu quando a disposição e a vontade de investir no relacionamento é desproporcional. Amor exige responsabilidade, maturidade e investimento constante de ambas as partes.

O casamento é uma sociedade que exige reciprocidade, equilíbrio entre aquilo que se dá e aquilo que se recebe. Qualquer coisa diferente disso não é de fato um relacionamento, e sim uma relação disfuncional em que um se comporta como pai ou mãe e o outro como filho(a).

É comum fazer análise superficial de outros relacionamentos e afirmar: "Oh! Como eles são felizes, são um casal modelo". As leituras sobre o casamento dos outros são sempre superficiais e tendenciosas dado que não se sabe o que realmente ocorre na intimidade daquele casal. Nelson Rodrigues disse: "Se cada um soubesse o que o outro faz dentro de quatro paredes, ninguém se cumprimentava".

Não se sabe quanto esforço um casal pode ter feito até que o amor fluísse natural, sem esforço.

Evite criar expectativas. O ser humano foi treinado pela cultura a ter expectativas sobre tudo. Não esperar nada de ninguém soa como petulante, mas certamente será menos dolorido. Colocar muita expectativa em cima da suposta pessoa certa pode levar a se ter uma decepção muito grande e perceber que se fez a escolha errada.

ALGUNS FILÓSOFOS DIZEM QUE SÁBIO É AQUELE QUE NADA ESPERA.

A grandiosidade reside em fazer dar certo na vida, não importa o quê! Esta deveria ser uma postura adotada para os relacionamentos e para todo o resto. Quem tem este posicionamento diante da vida entendeu o espírito das coisas, compreendeu a real natureza da autorresponsabilidade.

Sempre que puder, coloque-se como prioridade sem nunca esquecer do outro. Faça a sua parte e prossiga sem interromper o fluxo até o limite das suas capacidades. Não espere muito, apenas faça. Dê o melhor de si! Seja uma espécie de profissional também no campo do amor. Aja de tal forma que a relação tenha maturidade, prazer, leveza, diversão, alegria e responsabilidade.

Carlos Drummond de Andrade escreveu: "Dialogar é dizer o que pensamos e suportar o que os outros pensam". Drummond sabia das coisas, visto que desenvolver o diálogo é um caminho seguro para a relação ser longeva.

"De tijolo em tijolo constrói-se uma catedral". Não aposte muito alto em vida fácil, não caia nessa. Tornar-se adulto é um processo trabalhoso, mas compensador, pois se ganha em autonomia e liberdade. O sabor da liberdade é igual a uma doce e sedutora fragrância que embevece os sentidos e apazigua a alma.

LEMBRE-SE:

- São as frustrações que nos tornam adultos e capazes de construirmos a própria felicidade.
- É muito comum, em nossas escolhas, nos sentirmos atraídos por pessoas que possuem características não curadas em nós mesmos.
- A leveza da relação é construída pelo alto grau de reciprocidade e de investimentos na relação (50% x 50%). Quanto você dá? 30%? Quanto recebe? 70%? Ou é o contrário?

AFINAL, CONQUISTAR A LIBERDADE SEM FERIR NINGUÉM É UM DIREITO OU UM DEVER?

Capítulo 9

IGUALDADE NA RELAÇÃO

A igualdade é o vínculo mais sólido do amor.
Gotthold Lessing

De onde vem a ideia de que se pode gritar, xingar, maltratar uma pessoa? Que se pode dizer o que quiser sem pensar se vai ferir? Que o marido pode agredir a esposa ou vice-versa? Que se pode humilhar, denegrir alguém publicamente ou fazer qualquer espécie de *bullying*?

Bullying é uma palavra de origem inglesa que indica a prática de um conjunto de atos violentos e repetitivos de ameaças, agressões, maus-tratos contra a pessoa indefesa, mais fraca. O intuito do agressor é de intimidar, invalidar, humilhar, maltratar, causando danos psicológicos, morais e inclusive físicos.

Um grande mal, a que parte da humanidade ainda se autoriza, é roubar a alegria dos outros. É prática comum, quase universal. Quantas vezes isso acontece dentro de casa, no ninho doméstico?

SOMOS O QUE MOSTRAMOS OU O QUE ESCONDEMOS?

Dentro do lar é o local onde revelamos quem realmente somos. É mostrado o que se é. Da porta para dentro, é o local onde a grandeza ou a pequenez aparecem. Os comportamentos que uma pessoa revela dentro de casa mostram a direção para que devemos olhar quando quisermos testar o real grau da evolução ou da maturidade de um indivíduo.

Difícil alguém ser feliz o tempo todo. É difícil ser amoroso em tempo integral, mesmo que seja consigo ou com a pessoa querida que se compartilha a vida, a casa e os espaços. De vez em quando, pode ocorrer de um surtar com gritos ou outros tipos de agressões. Nem todos acordam bem todos os dias. Não deveriam haver agressões de nenhuma ordem, mas elas existem, é um fato.

As discussões fazem parte de um relacionamento, é normal, afinal, somos seres únicos e pensamos de formas diferentes. Já *bullying* são agressões mais severas. Casos mais graves.

Uma noite mal dormida, uma incômoda insônia, o reduzido orçamento do mês, a briga com o colega de trabalho, o desafeto com um familiar, ou qualquer outro fator aborrecedor, podem ser os gatilhos para despertar, pela manhã, de mau humor. O cenário está armado: a pólvora e o estopim estão a postos. A faísca que gera o fogo pode ser qualquer coisa que cause uma irritação. *Bum!* A explosão acontece sem que dê tempo para entender o porquê de tanto barulho. Assim é a vida, temos que aprender a administrar os conflitos e as discussões.

> NO MUNDO DOS RELACIONAMENTOS, QUANTO MAIS FERRAMENTAS PARA USAR, MAIS ÊXITO SE TEM.

A questão toda é: como o outro deve reagir? Não é um processo simples; na teoria, tudo é mais romântico. Uma boa técnica para resolver problemas é deixar o outro soltar-se, expressar-se, falar o que sente. Agressão física é outro papo. Não! Sempre não! Mas, se puder, deixe o outro esbravejar a sua dor, afinal, todo grito fala sobre uma dor. Ao soltar sem ser confrontado naquele momento, a ira vai perdendo a intensidade. Olhe nos olhos sem desafiar ou debochar. Acolha e fale preferencialmente com voz baixa, sendo amável o tanto quanto possível. Procure não enfrentar nem reagir de forma idêntica. Reagir não é boa estratégia. Quando o agressor percebe que o outro não oferece resistência ou não se posiciona para a luta, naturalmente ele se acalma.

> AGREDIR O OUTRO É JURÁSSICO, SOB QUALQUER FORMA.

As agressões e explosões provêm da parte mais primitiva do cérebro: o cérebro reptiliano. Na época em que viviam os dinossauros, eram constantes as disputas por quem era mais forte ou por quem liderava os territórios. Entre os símios também ocorre esse comportamento: estrategicamente, um abaixa a cabeça para que não haja uma feroz disputa ou para que não seja banido do bando. Da mesma forma, nos relacionamentos humanos pode acontecer semelhante atitude. Aquele que está temporariamente insano acaba falando mais alto, ou mesmo gritando. Quando um dos cônjuges estiver furioso, sugere-se que o outro recue, por estratégia.

Recuar nos conflitos do relacionamento não é submissão, é inteligência pura.

A força do amor está na plasticidade, na tolerância, na elasticidade, e não na sua rigidez. Essa técnica poderia ser chamada de *resistência não violenta*.

Gandhi utilizou-se desta técnica, não para salvar seu relacionamento, mas sim para salvar um país inteiro. Ele liderou uma campanha bem-sucedida para a independência da Índia, que estava submetida ao Reino Unido. Mais tarde, o Reino Unido acabou concedendo a tão esperada independência. Utilizar esta técnica é reconhecer a força da resistência não violenta. Uma mãe utiliza muito este procedimento para educar um filho. Uma célebre frase que bem exemplifica essa técnica: "Educar é repetir a mesma frase mil vezes". Na verdade, muito mais vezes, basta perguntar a uma mãe.

∞

Melanie Klein, psicoterapeuta pós-freudiana e ampliadora dos conceitos de Freud, escreveu: "Quem come do fruto do conhecimento é sempre expulso de algum paraíso". Muitas vezes o fracasso do casamento dá-se por falta de conhecimento. Incontáveis divórcios ocorrem justamente pela falta de atenção ou do conhecimento das necessidades do parceiro. O desconhecimento causou a expulsão de muitas pessoas desse magnífico lugar que é o casamento, entretanto, muitos conseguiram transformá-lo em um paraíso.

Como construir igualdade na relação se as pessoas se comportam de maneira distinta e possuem diferentes necessidades? Primeiramente é necessário reconhecê-las. Na minha prática clínica, pesquisei e anotei algumas necessidades essenciais de ambos:

- **Homem** - Ser respeitado, reconhecido, admirado, elogiado pelo que faz. Para sentir-se amado, precisa necessariamente ser respeitado. Preferem ficar sozinhos e não amados do que juntos e não serem respeitados.

- **Mulher** - Sentir-se amada, perceber que tem atenção, notar que é olhada e, é claro, ser tratada com carinho. Ser admirada e elogiada também é muito excitante.

- **Homem** - Recebendo sexo reconhece que está sendo amado. Expressa seu amor por meio do sexo, de preferência, que seja frequente. Quando *ganha* sexo, seu cérebro entende que está recebendo amor.

- **Mulher** - O sexo também é expressão de amor. A grande diferença é que ela necessita fazer uma conexão emocional com o sexo. Na maioria dos casos, precisa de mais tempo para se conectar. Ser agradada, elogiada, acarinhada com olhares e gestos são atitudes que excitam as mulheres, são rituais que afetam diretamente a sua libido e o apetite sexual.

- **Homem** - Não gosta da chamada DR (discutir relação). É mais aprazível fazer atividades com sua companheira, partilhar afazeres.

- **Mulher** - Conversar é uma atividade muito prazerosa. Falar sobre coisas triviais, assuntos sérios ou mesmo divertidos. Receber essa atenção é realmente sentir-se feliz. E, normalmente, curte uma DR.

Para ter igualdade numa relação, é importante que as necessidades sejam identificadas e atendidas. Homens e mulheres possuem naturezas que nem sempre convergem para o mesmo ponto, e isso é natural.

Eu contraponho gentilmente Melanie Klein: quem não come o fruto do conhecimento também pode ser expulso de alguns paraísos. Muitos fracassos acontecem por desconhecimento de saberes importantes sobre o parceiro. O sucesso em qualquer área está ligado ao conhecimento sobre o assunto. Não poderia ser diferente com os relacionamentos, pois atender demandas básicas de ambos é imperativo para que a relação seja promissora.

∞

A aproximação entre duas pessoas é inevitável quando acontece paixão, atração química ou amor. Jamais neste momento a inteligência racional do cérebro vem dizer: "Olha quão diferente de você é esta pessoa, vocês não combinam, vocês não foram feitos um para o outro". Essas vozes não aparecem nesse instante, as únicas vozes que gritam são a do desejo, do querer, da vontade, do tesão e da urgência para estar perto da pessoa. Nesta hora, nenhuma voz dirá: "Você vai dar mais do que irá receber" ou "Você não tem para dar o tanto que irá receber". Esse é um dos maravilhosos mecanismos do amor. As sementes precisam ser escondidas na escuridão da terra para que cumpram seu destino. O amor, com seus mecanismos, também esconde algumas coisas para que possa florescer, gerar seus frutos e cumprir seu propósito.

O amor tem doses de humildade. Ele, mesmo com toda sua magnificência, curva-se para que sua luz brilhe.

> SER HUMILDE É SER IGUAL, É NÃO SE SENTIR INFERIOR NEM SUPERIOR.

Onde há igualdade não há sentimentos de superioridade, nem de inferioridade. Quando se encontra a igualdade, não há necessidade de conflitos. As brigas tendem a acontecer em ambientes onde um se acha superior ou melhor do que o outro.

O germinar das sementes dos conflitos manifesta-se onde há um desejo de dominação do outro: pela voz, pelo intelecto, pelo poder financeiro, por um conhecimento específico, pela força física...

A dominação é coisa do passado. É instinto primitivo remanescente da época dos répteis, ainda armazenado nas zonas mais escuras dos sentimentos.

Muitos pensam que, para ter igualdade na relação, temos que necessariamente mudar o outro. Não há possibilidade de ser feliz em um ambiente em que uma pessoa queira insistentemente modelar a outra. É neurose querer transformá-la em algo diferente do que é, somente para seu agrado.

NOSSA ARROGÂNCIA É MOSTRADA TODA VEZ QUE TENTAMOS MUDAR O OUTRO!

Geralmente, queremos modificar aquilo que é diferente de nós e, ao percebermos tais diferenças, uma intranquilidade assola o nosso íntimo. Existem diferenças que são muito atraentes para serem convividas e tiradas como aprendizado. O casal pode evoluir muito com aquilo que se é, ou com as mudanças que cada um acredite que deva efetuar em si mesmo. A mudança verdadeira somente acontece quando estivermos convencidos de que o modelo proposto pelo outro seja, de fato, melhor. As mudanças para agradar os desejos do cônjuge não têm consistência. Em poucas semanas, todos voltam a ser o que eram, voltam para aquilo que lhes é familiar. O que é familiar dá mais segurança, mesmo que não seja tão maravilhoso.

Uma das principais *saúdes* de seu relacionamento é aceitar a pessoa com quem você se relaciona tal como ela é, tal como a conheceu. Todos mudam com o tempo, não somos os mesmos de quando nos conhecemos há tempos. Muitas mudanças podem ocorrer sem que a vontade seja acionada, elas acontecem como decorrência do processo do amadurecimento.

O sossego de uma relação se dá quando você olha para o outro e diz para si mesmo: "Vou aprender a lidar com as nossas diferenças. Vou aceitar e acolher no meu coração o meu amor como ela(e) é, e juntos amadureceremos e construiremos nossos caminhos e nossas verdades".

É possível ter conceitos e verdades tão iguais, se viemos de histórias e contextos de vida completamente diferentes?

O casal deve mostrar, um ao outro, algum comportamento individual que possa atrapalhar ou colocar a relação em risco. Faz parte do processo conversar sobre aspectos imaturos que todos nós temos. Só não os têm quem não admite tê-los, mas o fato de negá-los não impede a sua existência.

O amor pode ser aprendido. Amar é o movimento constante entre as forças do dar e do receber. Não é amor adulto aquele que só dá! Não é amor maduro aquele que só recebe! Quando, no relacionamento do casal, uma delas entra em desequilíbrio, alguém começa a sofrer.

LEMBRE-SE:

- O equilíbrio entre o dar e o receber (reciprocidade) é o que mantém a estabilidade de uma relação. Muitos acreditam que é o amor, mas, na prática, tudo indica que não.
- Fazendo a sua parte, com o tempo você verá que não foi o relacionamento que ficou mais leve, e sim você mesmo.
- A igualdade nas relações não vem pronta, necessita ser construída de forma permanente. Além de solidificá-la e melhorá-la, é uma profunda demonstração de respeito pelo outro.

O QUE É A HARMONIA
DE UM CASAL SENÃO A
IGUALDADE NA RELAÇÃO?

Capítulo 10

ERRO E PERDÃO

Perdão é perceber que não há nada a perdoar.
Autor desconhecido

Todo casal deveria ter excelência na arte de pedir desculpas e perdão. Para ser bom em qualquer coisa na vida, tem que treinar muito. Todos erram, e a maioria não gosta e não quer errar. No entanto, poucos conseguem pedir desculpas pelos erros cometidos.

Quão grande é saber pedir perdão e maior ainda é conseguir concedê-lo. Esse pequeno, porém grandioso gesto, salva milhões de casamentos.

Perdão é gesto generoso, é atributo das regiões mais elevadas da mente ou do espírito. Vem da instância das virtudes. Sobre a capacidade de perdoar: temos ou ainda não temos. Não existe mais ou menos, isto é, ou se é fraco ou se é forte.

É possível dizer sem hesitar que os fracos não perdoam; eles não têm força para tal.

Só damos aquilo de que estamos cheios, já dizia o sábio. O amor tem algo de incrível, pois aquele que mais dá é o que mais ganha. Tudo o que se dá com amor jamais se esvazia. O perdão é compreendido como um profundo gesto de amor e de generosidade. Quem tem dificuldade de perdoar, por mais que pareça ser rude é na realidade um fraco. Para sempre? Não, até que decida começar a treinar para aprender. Treinar algo é transformá-lo em dinâmico por repetição. A vida é extremamente dinâmica, por isso que ela é forte.

Perdoa, normalmente, quem já tem a semente da generosidade plantada dentro de si. Casais que expressam seus conflitos e demonstram sua capacidade de perdoar o cônjuge de alguns erros são casais que lidam melhor com seus sentimentos. Quem não expressa seus sentimentos em palavras, certamente terá dificuldades para expressá-los em gestos ou em comportamentos. Expressar, ajustar e prosseguir juntos é um lema que casais de sucesso utilizam nas suas vidas.

É impossível não ter conflitos, mas é possível não querer conceder o perdão. Tal prática faz com que se acumulem dores emocionais, como mágoas e ressentimentos, conduzindo sentimentos tóxicos para um destino não muito desejável: a somatização, termo cunhado por Wilhelm Stekel, que significa conduzir para o corpo os sentimentos oriundos do stress e outras emoções tóxicas, fazendo-o padecer com patologias leves ou mais graves.

A origem das doenças está na forma errada de pensar e de sentir; tudo o que sentimos e pensamos descarregamos no corpo. Tanto vale para os sentimentos tóxicos e destrutivos quanto para os carregados de positivismo e amorosidade. Ambos navegam pelo sangue e para os líquidos celulares, que estão presentes em todo o organismo. O corpo registra tudo o que sentimos e pensamos, e guarda todas as memórias. Todas!

Os que não sabem perdoar, além de lhes faltar o recurso de estancar a sangria de um conflito, revelam ao outro sua pobreza e sua miséria em doar-se. Perdoar é revelar o grau de tolerância consigo e com os outros.

Nas relações, via de regra, um é mais capacitado para pedir perdão do que o outro, e para conceder também. Aquele que é mais qualificado certamente viu esse gesto ocorrer com frequência entre seus pais. Não saber perdoar é revelar a falta de empatia que teve na infância, isto é, no ambiente familiar. Dificuldades de conceder o precioso bálsamo do perdão confessam a falta de respeito que os pais tinham um com o outro, revelam as humilhações e algumas pequenas crueldades a que a criança foi submetida na infância.

Não saber ou não querer perdoar revela mágoas profundas não curadas, com um dos pais ou com ambos. Somente quando se concede, na alma, o perdão pelos erros dos pais, é que se está livre para poder conceder essa dádiva às outras pessoas.

Desonerar é libertador, é um gigantesco ato para construir liberdade. Como ser livre se ainda se carrega um fardo pesado nas costas?

Não absolver dá poder de controle e de força sobre o outro. Às vezes, é somente estratégia para não demonstrar a própria fraqueza. Esses acreditam que, perdoando, a sua fragilidade fica exposta. A ideia de se expor pode ser paralisante. Para muitos, o orgulho, que é uma das defesas mais primitivas, serve como guia. O perdão sempre traz possibilidade de crescimento para si e para a relação.

Nas relações afetivas, por mais que se ame, sempre vai existir a possibilidade de ferir o parceiro. Pode acontecer por não se estar bem consigo mesmo, ou apenas por ser rude em um determinado momento, ou então por estar demasiadamente descuidado, distraído. Pode não ser necessariamente uma característica da pessoa, mas uma reação pontual. A falta de ferramentas para lidar com os conflitos é que tem destruído os casamentos.

Não foi orientado didaticamente em casa ou nas escolas. Falha grave? Sim! Como saber de algo que não foi ensinado? Aprende-se empiricamente, experimentando, errando, machucando e sendo machucado. É uma didática doída, mas funcional.

A DOR TEM SIDO A GRANDE PROFESSORA DA HUMANIDADE!

A criança, mesmo que os pais alertem que o fogo queima, somente fixa a aprendizagem quando experimenta a sua própria dor. A impressão da dor que o outro diz existir está tão distante que há uma descrença nela. "Nem é tanto assim", pensam, por isso o ditado: "A dor dói, mas ensina". É um tanto primitivo aprender ferindo e ferindo-se!

A vida é o que é, um passo de cada vez. Aquela criancinha ainda existe dentro de nós todos, viva e atuante na descrença da recomendação alheia. Não adianta, terá que experimentar por si mesma para aprender.

Quando os médicos dizem: "Pare de fumar, você poderá ter um câncer em poucos anos. Diminua o consumo do álcool, você pode ter uma cirrose hepática que pode levá-lo à morte", o que as pessoas fazem normalmente? Ignoram, não dão ouvidos, a dor que o médico diz existir está muito distante da sua realidade. Tem sido assim. O que um dia foi visionado, agora surge. Fatídico! Fatal! Era o que faltava para pôr as duas mãos na incrédula cabeça e provavelmente culpar Deus pela tragédia anunciada. Ou atribuir a responsabilidade de seus atos às empresas fumageiras pela quantidade de substâncias tóxicas que colocam nos cigarros. Ou às cervejarias pela quantidade de álcool nas bebidas.

A dor nos traz para a realidade da vida. É hora de olhar para si, para o tempo que lhe resta. Assim a humanidade tem amadurecido. É lamentável, mas é uma das escolhas humanas feitas até o momento.

Grande parte da infelicidade que o ser humano atrai está mais nas coisas erradas, nas imaturidades que faz ou cria para si mesmo, do que nas surpresas desagradáveis que a vida lhe oferece. As atitudes imaturas e levianas vão criando um distanciamento entre o casal, que pode tornar-se crônico. Quando se torna crônico, como fazer para trazer a intimidade de volta? Será possível? Ou a relação está fracassada? Quantos problemas de hoje são as mesmas situações trazidas de relacionamentos anteriores? Tanto o homem quanto a mulher devem resolver suas questões internas pendentes de experiências anteriores, mesmo que os conflitos sejam oriundos de pai e mãe, na primeira infância.

Após um erro grave, é possível voltar a amar uma pessoa? É possível reaprender a amar? Talvez somente com o poder redentor do perdão.

> AMAR É UM EXERCÍCIO PERMANENTE. TUDO AQUILO A QUE SE DEDICA DÁ RESULTADO. NÃO É DIFERENTE COM O AMOR.

∞

UM CASO NO CONSULTÓRIO

Certa vez um casal procurou ajuda...

— Foi amor à primeira vista — disseram numa só voz.

Estavam juntos há três meses somente, mas foi um amor arrebatador para ambos. Nunca tinham sentido ou vivido isso com ninguém antes de se conhecerem. Estavam radiantes e felizes. A atmosfera feliz do casal era contagiante. Como é maravilhoso ver e sentir isso! Temos que estar bem resolvidos com a felicidade alheia, caso contrário, a inveja bate à nossa porta.

O que motivou a busca pela terapia foi uma situação muito comum em inícios de relacionamentos, mas que estava tirando a paz do jovem casal. Às vezes, a procura dá-se por coisas pontuais. Nesse caso, a questão foi uma traição por parte dele.

Antes de se conhecerem, estavam solteiros há um bom tempo e mantinham relacionamentos casuais com várias pessoas. Nenhuma dessas relações teve grande importância, com exceção de uma para ele, já que nunca deixou de ficar com a garota. Ele pensava com seus botões:

— Ela era uma figura repetida — sussurrava ele para si mesmo. — Mas me fazia sentir especial.

Isso fazia com que não se desgrudasse da antiga *ficante*. Era uma espécie de relação aberta, já que saíam com outras pessoas e ambos sabiam disso. Era de comum acordo e havia honestidade no combinado.

Apesar desse novo e arrebatador amor ter mudado a vida do jovem, ele continuava saindo com sua antiga *ficante*. Às escondidas, é claro, já que na relação atual não existia contrato algum sobre abrir a relação. Entretanto, logo foi descoberto. *As mentiras têm pernas curtas*, no caso dele, *pernas amputadas*, uma vez que rapidamente foi pego na trapaça. Ela estava jogando no celular dele e por *engano* abriu uma mensagem muito comprometedora da sua ex-namorada, que, pelo jeito, não era tão *ex* assim.

O caos emergiu repentinamente. A dor se fez presente e legítima. O chão desapareceu por alguns instantes. A sensação, segundo ela, é inenarrável, indescritível. A jovem ainda não tinha conhecido tal sentimento.

— Isso é muito novo para mim — disse ela. O seu primeiro pensamento foi de jogar o telefone na parede e quebrá-lo em mil pedaços, mas ela não o fez.

Em seguida, lágrimas rolaram pela face. Lágrimas são *carícias cúmplices* que socorrem aos que precisam desse lenitivo remédio. Por vezes, é só o que se tem. O que mais lhe doía era a possibilidade de perder a única pessoa que realmente tinha amado na vida, que, só pelo fato de estar por perto, acalmava seu coração e trazia uma paz nunca antes encontrada. Jamais imaginaria que fosse ter esse sentimento. Sentiu o que só um amor verdadeiro pode conceder.

Levantou-se sem dizer uma palavra e, ao dirigir-se à porta, foi interpelada por ele:

— O que aconteceu? — indagou assustado com a reação dela.

— Leia! — vociferou ela. — Estou indo embora — completou.

— Por favor, fique! — disse ele muito entristecido após ler o conteúdo da mensagem. — Vamos conversar!

— Hoje não! — disse ela. — Hoje não! — foi-se embora. Os passos estavam firmes, resolutos, mas o coração não!

"Volte", dizia seu coração. Porém, mesmo titubeando, decidiu ir embora.

Ele acompanhou, com os olhos, aquela pessoa tão especial deixando sua casa e sumindo da sua vista ao dobrar o quarteirão. Sentiu-se profundamente chateado e culpado por deixar aquilo acontecer. "Por que não resolvi isso antes?", perguntava a si mesmo.

"Por um momento, meu mundo desabou", pensou. Agora, era ele sentindo basicamente tudo o que ela sentiu, com insuportável peso de remorso e de medo. Uma inevitável e profunda solidão apossou-se de seu coração.

Essa foi a narrativa de ambos. Enfim, estavam em um espaço terapêutico tentando compreender e trabalhar aquela confusão de sentimentos.

∞

A dor da traição atinge as pessoas de diferentes formas. Pareciam jovens demais para trabalhar um tema de tamanha complexidade. Mas o que se viu no decorrer do tempo foi que eram jovens somente na idade cronológica. Surpreendentemente, demonstraram uma incrível capacidade de processar, de compreender e de trabalhar essa difícil questão.

Algumas questões surgem somente quando se faz terapia. Um universo pode mostrar-se para quem está disposto a abrir-se.

O ser humano pode ser realmente incrível quando quer. Muitos adultos, ditos experientes, não têm capacidade de trabalhar conteúdos bem menos exigentes.

A capacidade de lidar com as frustrações pode mudar o destino de muitas vidas. Saber lidar com as decepções é uma das mais importantes habilidades que uma pessoa pode ter para seu progresso pessoal e profissional. Sem essa propriedade psíquica desenvolvida, não se vai muito longe. A vida oferta uma riqueza de desafios e de obstáculos justamente para deixar um indivíduo forte e capaz de enfrentar qualquer adversidade.

Algumas das mudanças pessoais mais radicais acontecem depois de experiências ruins. A tolerância, por exemplo, pode ser desenvolvida após frequentes testes na impotência de conseguir mudar algo — uma doença crônica, por exemplo.

Existem pessoas que estão aptas a enfrentar qualquer tipo de situação, não importando a natureza do problema. São mentes brilhantes que estão direcionadas para crescer, aprender com cada experiência e armazenar saberes. Mentes com potencial de se tornarem sábias, capazes de revelarem respostas inteligentes e muito sensatas diante de qualquer evento inesperado.

Há jovens que podem servir de modelo a pessoas e a velhos sistemas, obsoletos e antiquados. Muitos resistem à ideia, mas serão as crianças, os jovens, que irão trazer o novo, uma vez que trazem consigo novas necessidades.

No caso do jovem casal, ela desejava um pedido sincero de perdão, e que ele demonstrasse algum remorso pelo que tinha feito.

Às vezes, somente um "perdoe-me" pode não bastar. Há que ser sincero e autêntico, não protocolar.

Quantos não conseguem assumir a responsabilidade e reconhecer seus erros, tendo dificuldades de dizer "desculpe-me". Às vezes um simples "putz, errei" poderia acalmar os ânimos.

Fingir que nada aconteceu — fingir demência temporária —, evitar tocar no assunto e pensar que com essa atitude tudo estará resolvido é subestimar a inteligência do cônjuge, além de ser comportamento desrespeitoso. O que se está fazendo é esconder a sujeira em algum lugar, que certamente surgirá mais cedo ou mais tarde.

Diante de erros, já presenciei pedidos sinceros de perdão, com arrependimentos e promessas de uma nova postura.

Na hipótese de existirem danos, pedir somente desculpas pode não ser suficiente. Danos sempre devem ser reparados de alguma forma. A compensação deve existir para que o equilíbrio da relação seja restabelecido, caso contrário, nunca haverá paz.

> NÃO EXISTE PAZ SEM JUSTIÇA. NÃO SE ILUDA. ILUDIR-SE É FUNCIONAR NO MODO INFANTIL.

No caso, a garota exigiu que ele ligasse para a ex-namorada na sua frente e a informasse de que ele estava em um relacionamento fixo e que não o procurasse mais. Pediu-lhe que excluísse o nome da *ex* da lista de contatos para evitar uma recaída.

Pedir é um direito, e nesse momento, ela sentia-se credora e só voltaria a namorar caso ele aceitasse essas e outras condições que ambos negociaram na terapia. Ele aceitou. Continuam juntos e estão mais amadurecidos depois desse episódio. A sensação de libertar ou de libertar-se é maravilhosa e ambas podem ser muito gratificantes.

∞

— Ah, estamos muito felizes — disseram-me na última vez que os vi no consultório. Pessoas responsáveis e comprometidas consigo e com o outro buscam socorro sempre que necessitam. Não permitem que algo mal resolvido fique crônico, levando essa atitude preventiva para todas as áreas da vida.

A procrastinação tem sido uma grande inimiga dos relacionamentos. Quem tem esse *programa* sabotador deve urgentemente tratá-lo, antes que seja tarde demais. O estrago pode ser grande.

Quanto à inteligência emocional de pedir perdão e de perdoar, lembrei-me de um casal que recentemente separou-se. O homem comentou que em dezesseis anos de casados a esposa nunca pediu perdão. É muita pobreza emocional! “Quem guarda rancor, coleciona lixo moral e termina enfermado” (Joanna de Ângelis).

Um fato curioso percebido nas minhas observações ao longo das últimas décadas durante as sessões realizadas em consultório:

> OS HOMENS SÃO MENOS FIÉIS NO CASAMENTO, PORÉM, MAIS LEAIS À FAMÍLIA. AS MULHERES TÊM SIDO MAIS FIÉIS NO CASAMENTO, ENTRETANTO, MENOS LEAIS À FAMÍLIA.

Quando um homem tem um relacionamento extraconjugal, mesmo se encontrando apaixonado, dificilmente deixa a família para seguir com a nova parceira. Ele tem mais resistência para abandonar a família.

Quando a mulher tem um relacionamento extraconjugal e no caso de se encontrar apaixonada, tem mais propensão para mudar o núcleo familiar e seguir com o novo parceiro.

LEMBRE-SE:

- Escolha viver com pessoas que sabem perdoar, é garantia de saúde mental.
- Todos temos atitudes tóxicas e podemos machucar pessoas, mesmo não querendo. Sempre que puder, repare seus erros. O perdão é libertador.
- Não perdoar é perder tempo. O amor, o riso, o prazer são compensações imediatas para quem perdoa. Faça uma lista de quem você deveria pedir perdão. Peça mentalmente. Se conseguir, também faça presencialmente e poderá conhecer uma relaxante paz.

TEMOS QUE SER FORTES EMOCIONALMENTE PARA CONVIVER COM OS QUE NÃO PERDOAM.

Capítulo 11

FORMAS DE AMAR

Comece a se amar. O resto virá depois.
Autor desconhecido

Considerando que cada um é um ser único, seguramente conclui-se que cada pessoa ama de um jeito, de sua maneira, que naturalmente é ímpar. Hoje, o planeta está representado por aproximadamente oito bilhões de possibilidades de amar.

Para muitos antropólogos, a monogamia (condição daquele que tem só um parceiro sexual durante toda a vida ou parte dela) é uma construção social e deu-se inicialmente para facilitar a criação dos filhos. Nos primatas, a mãe era impotente para criar um filho sozinha por conta dos riscos, necessitava de segurança e proteção de um macho para a garantia da vida. Entretanto, assim que o bebê tivesse ligeira autonomia, a união do casal dissolvia-se e estavam liberados para novas experiências. Os relacionamentos eram breves e fugazes. Menos de cinco por cento dos mamíferos formavam pares longevos.

Comparativamente a outras espécies, os bebês humanos demoram muito mais tempo para se tornarem independentes. Esta diferente necessidade fez com que os casais humanos ficassem juntos por mais tempo. Daí surgiu um aspecto novo e evolutivo na raça humana: a capacidade de criar vínculos. No dicionário, a palavra vínculo está ligada à dependência, a atar e a ligar.

O vínculo cria e reforça a dependência, a ligação e o apego, características essenciais para a existência de um relacionamento. Esta dependência é necessariamente positiva. É através dela que podemos expressar as nossas mais variadas formas de criar vínculos afetivos e, a partir daí, um novo caminho desenha-se para as relações humanas.

Com o passar do tempo, observou-se que os vínculos trouxeram grandes benefícios. O núcleo familiar tornou-se mais forte, as pessoas ficaram mais saudáveis, e os resultados, em um âmbito mais amplo, melhores. O vínculo trazia mais segurança para os membros familiares e essa proteção tornava-os mais disponíveis e livres para explorarem outras capacidades latentes.

Quando se encontra um par afetivo, esta busca incessante é aliviada. Teoricamente, isto está resolvido, esta necessidade está saciada. À vista disso, pode-se dizer que os vínculos trazem a dádiva para a espécie humana de poder progredir noutras áreas do desenvolvimento.

Normalmente, quem foi amado na infância tem mais recursos afetivos e intelectuais para criar e manter os vínculos construídos, e também para administrar conflitos que surgem durante a sua existência.

No processo evolutivo do ser humano, sempre algo fica para trás e sempre algo novo surge. Infinitas vezes, o que parece ser um fim trágico nada mais é do que a evolução chamando para novas direções. Basta olharmos as fases de desenvolvimento de um ser humano. De um modo geral, o ciclo vital do ser humano possui seis fases: feto, bebê, criança, adolescente, adulta e velhice. Caso alguém deseje aprofundar-se, encontrará algumas subdivisões nessas fases. Mas o ponto em questão é que, a cada final de ciclo, algo morre e algo diferente nasce.

Por conta da nossa natureza instintiva, a princípio nos assustamos com o novo. É como se o feto tivesse alguma insegurança do que poderia ser um bebê, afinal de contas, nunca foi um bebê até então. A criança teme a adolescência, pois instintivamente sabe que muitas coisas estranhas irão lhe acontecer, e isso é assustador, pois é algo novo. E assim por diante.

As mudanças atraem as resistências, elas estão intimamente ligadas. Onde uma se encontra, ali também está a outra. É como o acordo harmonioso e natural entre a vida e a morte. Onde existe uma, a outra está à espreita.

Enquanto uma existe, a outra espera a sua vez. Parece um assentimento, uma vez que as duas não existem simultaneamente.

Observando que as mudanças se dão em todas as direções, os tipos de vínculos e de relacionamentos também tomaram rumos diversos. A capacidade do ser humano de criar e manter vínculos melhorou com os séculos. Nos vínculos, o amor está sempre presente de alguma forma, embora ele não seja o elemento exclusivo na relação, pois vários outros sentimentos estão também atrelados: necessidade de segurança afetiva, de segurança financeira, de pertencimento, o medo da solidão.

Se a capacidade de fazer vínculos se ampliou, a possibilidade de ter outras modalidades de expressar o afeto também. O amor mostra diferentes e curiosas faces. As tradicionais formas de amar pedem licença para mostrarem a céu aberto outras formas de se relacionar. A tradicional e impositiva formatação do amor foi dando lugar para outros desdobres da manifestação afetiva e sexual.

A exemplo disso, a monogamia abre as portas para relações não monogâmicas, autênticas e válidas. Dada a evolução biológica, do intelecto, das emoções, do comportamento, das ideias, o ser humano tornou-se muito complexo. A natureza humana não é estática, é dinâmica, e as mudanças dão-se de acordo com a evolução da consciência.

A partir de valiosas conquistas no campo da liberdade, o ser humano está se permitindo expressar com mais espontaneidade seu mundo interno, suas ideias, seus sentimentos e outras formas de amar. Contrariamente a isso, há os que se deixam ferir sozinhos por suas próprias crenças limitantes e moralistas. Por serem escravos de suas próprias leis, buscam vorazmente limitar os outros. Numa excitação quase póstuma, exala o dizer não dito: "Já que eu não consigo, você também não pode".

NÃO EXISTE UM MANUAL DE COMO DEVEMOS AMAR!

O amor é livre de conceitos e de preconceitos, as pessoas não. O amor não possui regras, as pessoas sim. O amor não julga nenhuma forma de amar, as pessoas sentenciam-se. O amor não determina como as coisas devem ser, as pessoas é que impõem seus regimes restritivos. Por fim, o amor não é impositivo, mas as pessoas são.

Milhões de pessoas possuem relações não monogâmicas, que fogem da configuração mais usual, e não há nada de errado com elas. Em função da sua história, construíram conceitos diferentes daquilo que a maioria construiu. Muitos vivem na obscuridade por receio do aspecto primitivo do ser humano, de julgar por julgar ou de condenar por faltar recursos de inteligência. Muitos não compreendem algo que seja diferente daquilo que foram domesticados a pensar. Isso chama-se intolerância.

Aos olhos do amor, não há erros! A ironia está em julgar no outro aquilo que não se tem: a capacidade de compreender o amor nas suas diferentes manifestações. O amor é reconhecido como uma das tecnologias que transcendem o espaço e o tempo. Ele é um sobrevivente dos agressores sedentos por usurparem o direito de outrem e que, apesar de todas as injúrias e ataques, segue majestoso no cumprimento do seu papel.

O amor não necessariamente precisa de nós, porém, ninguém sobrevive sem ele. Comparativamente, basta observar nosso estimado planeta. Ele evolui com ou sem a nossa presença. Certamente, a Terra não necessita de nós, mas, com certeza, não sobreviveremos sem ela, com seus ingredientes indispensáveis à vida humana.

Ao olharmos para trás, podemos notar o quanto já caminhamos e o quanto nos falta caminhar. Estamos há alguns milhares de anos nos relacionando, experimentando e observando tantas formas de nos relacionarmos, mas, mesmo assim, resistimos a novos modelos e a novas possibilidades.

No desejo de que o conhecimento se amplie na mente de cada leitor, farei uma simples apresentação de modelos de relacionamentos observados no consultório. No livro *Caminhos para relacionar-se — Construindo possibilidades*, escrito por um grupo de psicólogos, Tatiana Spalding Perez escreveu de forma brilhante sobre as diferentes possibilidades de amar:

- **Relação aberta** - Há permissão para ambos se relacionarem com outras pessoas. Normalmente, é somente de natureza sexual, sem envolvimento emocional.
- **Poliamor** - Relacionamento simultâneo envolvendo duas, três ou mais pessoas, podendo ter casamentos em grupos, ou então um dos participantes é monogâmico e o outro não, ou ambos relacionam-se com outras pessoas sem que todos se conheçam. Entretanto, há regras e contratos em que os participantes devem respeitar os acordos efetuados, sendo que estes são de conhecimento de todos.
- **Swing** - O casal decide ter experiências sexuais com outros casais, preferencialmente de natureza sexual não afetiva. Normalmente existem regras e contratos e todos procuram honrá-los.
- **Relação livre** - As cláusulas são abertas. Ambos estão livres para se relacionarem com outros parceiros sem regras ou contratos.

Como se observa, as formas de amar são múltiplas e inerentes a cada um.

Muitos buscam terapia para entender o seu modelo e vivenciá-lo livremente, de acordo com seu desejo interno e livre de culpas. Considerando as infinitas demonstrações de carinho e afeto, o ser humano tem o direito de se relacionar com quem quiser e da forma que acredita ser saudável. É o sagrado direito ao livre-arbítrio.

ALGUNS AMAM NO SINGULAR, OUTROS NO PLURAL!

Reprimir-se para satisfazer os desejos de outros, sejam quem eles forem, certamente irá terceirizar seu bem-estar e sua alegria de viver. Colocar a própria felicidade em mãos alheias é como depositar dinheiro para a sua aposentadoria na conta de um desconhecido: a possibilidade de ser espoliado é alta. Não há nenhuma garantia de que esse desconhecido lhe retornará o investimento.

Quem vive de forma espontânea encontrou uma fórmula segura para a felicidade. Em todos os lugares, há os que criticam e não admitem essas relações. É óbvio que têm o direito de não gostar, mas têm o dever de respeitar. Porém, se alguém tem dificuldade para aceitar as diferentes manifestações do amor, no mínimo deve procurar compreendê-las.

Nunca será digno subtrair a felicidade de alguém, sob qualquer pretexto.

Sempre, o amor pede compreensão e empatia.

Aos olhos do amor, querer julgar a felicidade de outros não seria um bárbaro crime?

Se um indivíduo não tiver compreensão e empatia por outro ser humano, o que ele realmente tem para oferecer?

O AMOR NUNCA EXISTIU PARA SER COMPREENDIDO OU CRITICADO, E SIM PARA SER VIVIDO!

Capítulo 12

MUDAR O OUTRO OU ADAPTAR-SE?

Aceite o que não pode mudar, mude o que não pode aceitar.
Autor desconhecido

Sempre que puder, evite criar expectativas. Criar expectativas é investir na frustração, na ansiedade e na dor. Não é um bom investimento. Certamente, pessoas que criam expectativas acabam tornando-se ansiosas e possuem metas altas para si e para os que estão próximos. Sofrem, imputam sofrimento aos outros e frustram-se muito acima da média.

Dói abrir a mente para aquilo que é, pois poderá custar simplesmente ter que abrir mão de tudo o que pode dar sentido à vida. Criar expectativas é negar a realidade objetiva, aquilo que realmente se apresenta. É evitar viver a vida como ela se mostra no cotidiano. É relacionar-se com uma realidade desejada, fantasiada e fingir não ver o que realmente está acontecendo. Um mecanismo criado para evitar a dor, mas que não tem dado bons resultados.

Expectativa é um tipo de exigência, uma espécie de cobrança velada de si mesmo e dos outros. Exigir ou cobrar de outrem dinâmicas impostas não seria um tanto perverso e neurótico? Muitos têm pressa de serem alguém na vida e essa neurose torna-se o tema central de sua existência. É justo querer apressar o outro para conseguir um intento insano?

Um número expressivo de pessoas cobra da sociedade — do outro — o que lhes faltou na infância.

Quem tem fome, tem pressa! No que tange ao crescimento de uma relação, o pouco é muito, isto é, a relação deve ser construída momento a momento. Mesmo que a proa aponte para a direção correta, é necessário um tempo para sua maturação. Lembrar que a popa segue a proa. É o futuro, o que está na frente que deve nortear o caminho, não o passado; não o que ficou para trás.

A ansiedade grita: "Apressa-te!". A maturidade sussurra: "Avança em pequenos e seguros passos".

A Muralha da China, construída inicialmente pelo imperador Qin Shi Huang no ano 220 a.C., possui aproximadamente 8.850 km e levou em torno de 20 séculos para ser concluída. Obras gigantes demoram muito tempo para sua conclusão. Obras menores, menos tempo. Um projeto pessoal também pode demorar anos. É quase impossível não dar certo aquilo em que se coloca foco, persistência e paciência. Adicionar amor seria a cereja do bolo.

Só não podem ser abandonados no caminho os sonhos que um dia foram sonhados, porque somente vencem os que lutam, os que ficam e não desistem. Os desertores geralmente foram crianças não amadas ou excessivamente compensadas.

EXPECTATIVAS CRIAM PESSOAS FRUSTRADAS E ABANDONADORAS.

Muitas pessoas depositam grandes expectativas nos seus relacionamentos. A maioria casa esperando que o outro vá preencher seus vazios, ou então que seja um salvador de seus problemas. Não existe herói solitário nos casamentos, assim como não existe guerra quando só um lado luta.

Entretanto, quando a guerra acontece, se você olhar de longe, verá que dos dois lados existem heróis. Todos carregam dentro de si uma verdade e lutam por ela. Fazem sua parte!

Mais do que nunca, as pessoas têm demonstrado dificuldades de viverem sozinhas de forma plena. Então, quando estão em um relacionamento, levam menos plenitude e mais necessidades. Elas mais têm para pedir do que para dar, não tem equilíbrio na troca.

Quando possível, tente não depositar suas cargas pessoais no seu relacionamento. Também não deposite expectativas de que suas angústias serão resolvidas dentro do casamento. Normalmente, cabe a cada um resolvê-las, isto é, cada um deve buscar ajuda externa com terapeutas, conselheiros, consultores, para não jogar uma carga desnecessária em ombros alheios.

O cônjuge nem sempre quer ser terapeuta, além de que essa prática desgasta a própria imagem perante o outro.

MUDAR O OUTRO SERIA UMA PRÁTICA SAUDÁVEL?

Uma das práticas mais danosas para uma relação é achar que podemos controlar, dirigir, ou mesmo mudar a outra pessoa. Querer mudar alguém a seu bel-prazer, além de ser um desperdício de tempo, tem sido a causa de grandes atritos das relações.

Querer mudar o outro, conforme o contexto, é prática abusiva. Relaxe! Adapte-se ao jeito do outro; isto aumentará a chance de serem felizes.

Desejar modificar o outro é uma tendência tipicamente humana, quem nunca tentou que atire a primeira pedra. A repetição é fatídica: querer fazer aos outros aquilo que fizeram conosco. Quem tem essa fixação, provavelmente teve quando criança um dos pais que não o aceitava como era, nem sua maneira espontânea de ser, ou ainda, como se expressava. Foi criança julgada e criticada sistematicamente, foi comparada insistentemente.

A criança, sob o pretexto de ser bem educada ou modelada, não foi bem acolhida, com cobranças exageradas dos pais. Esta criança crescerá com ansiedade, culpar-se-á constantemente por sentir que não faz nada direito e, quando adulta, irá tornar-se uma modeladora do comportamento alheio.

> QUERER EDUCAR UM ADULTO É UM FARDO PESADO DEMAIS PARA SE CARREGAR.

Querer mudar alguém é um ato arrogante, é supor que o seu modelo é melhor que o da outra pessoa. Provavelmente o seja em alguns aspectos, mas é impossível ser em todos. É incontestável e natural que o cônjuge tenha vários aspectos que sejam melhores do que aquele que o outro está querendo mudar.

Quem deseja tanto modificar alguém está preparado para a sua própria mudança? Normalmente não está! Não é sábio aquele que se libertou do reprovável programa de querer mudar o outro, e que começou a reforma em si mesmo?

A grande loucura reside em querer que a outra pessoa fique parecida conosco, que sinta o que sentimos, que pense como pensamos e que veja o mundo da mesma maneira que o vemos. Esta é a ideia central. Não é possível uma mudança desta ordem. Cada um é um ser único, tendo uma história única, pais diferentes, outra genética, outro DNA. Nem mesmo um irmão gêmeo pensará e sentirá exatamente da mesma forma que o outro.

Imagine então quem não tem parentesco nenhum? Será mesmo possível? Não seria melhor acolher a pessoa tal como se apresenta?

Pelo fato de sermos diferentes, nossas reações também são diferentes. Habitualmente amamos e brigamos mais ou menos da forma que nossos pais nos ensinaram como fazer. Nenhum pai ou mãe para no meio de uma briga e orienta seus filhos a brigarem dessa ou daquela maneira. Eles ensinam fazendo, brigando, mostrando como se faz. São seus comportamentos que os olhos das crianças observam e copiam. Sempre os comportamentos!

> OS FILHOS SEGUEM MAIS OS COMPORTAMENTOS DOS PAIS DO QUE O PRÓPRIO ENSINAMENTO QUE DELES RECEBERAM.

Quando comparamos os pais de um cônjuge com os pais do outro é que as diferenças ficam mais gritantes. Quando olhamos para a forma com que nossos sogros se relacionam, compreendemos melhor como nosso cônjuge demonstra seus sentimentos, seus afetos e desafetos. São comportamentos transgeracionais que uma geração passa para outra de forma nem sempre consciente.

Às vezes nos mostramos dicotômicos na forma de ver as coisas: ou curtimos o dia ensolarado, com todas as suas delícias, ou ficamos reclamando do calor. Ou aproveitamos os dias de inverno, desfrutando de todas os seus encantos e peculiaridades, ou ficamos à margem, lamentando a fria estação.

Relacionamentos são exatamente assim: ou desfrutamos das várias belezas que só um relacionamento pode proporcionar, ou ficamos emaranhados nos próprios queixumes, querendo neuroticamente modificar o outro a partir do nosso modelo.

MUDÁ-LO OU DESFRUTÁ-LO. EIS A QUESTÃO!

Existem somente duas *macros* químicas: prazer ou angústia. É necessário escolher com qual delas se pretende viver.

As escolhas que cada pessoa faz resultam na vida que leva. Não há garantias de que o outro vá mudar. Talvez ele não queira, possivelmente ele se ame como realmente é e provavelmente se sinta muito bem do jeito que está. Ou simplesmente não concorde com alguém querendo manipulá-lo. É melhor não confiar cegamente que seus desejos de mudanças ocorrerão, antes que você se frustre de forma mais contundente. Simples assim!

Acreditar que vai mudar o cônjuge seria como plantar sementes no solo do vizinho, em terras que não lhe pertencem, e esperar pela colheita. É possível não haver colheita daquelas sementes que foram plantadas em terras alheias. Em acontecendo a colheita, pode ser que não haja desfrute. Depositar suas flores em jardins inférteis, ou em locais em que não chove, é romantizar demais, é esperar demais.

O modelo ideal atual é de contribuição, que significa cooperação. Com o passar dos séculos, e com o avanço emocional e moral da sociedade, o modelo da disputa e da competição dará lugar ao modelo da contribuição, mas não esperem que essa mudança aconteça logo.

No casamento, contribuir significa dizer que cada um faz a sua parte, cada um participa com o máximo de si em todos os aspectos. Cada um dá cem por cento da metade que lhe cabe fazer. Isto chama-se equilíbrio. A justiça busca o equilíbrio. E no casamento deve haver justiça também. Somente quando o equilíbrio está pleno é que a paz é encontrada.

Enfim, mudar o outro ou adaptar-se? E se fosse colocar-se no lugar do outro apenas? Procurar entender seus comportamentos sem julgá-los? Não seria mais saudável cultivar a empatia e amar sem enquadrar?

No processo de querer mudar o parceiro cabem algumas observações rápidas: não seria esquisito querer mudar alguém por quem se está apaixonado? Caso ele se transforme em uma nova versão de si mesmo, haveria possibilidade de se *desapaixonar*, já que se tornou *outra* pessoa?

E se fosse você o alvo da expectativa alheia? É muito desgastante este processo. Por mais que você dê, nunca vai ser o suficiente. Não se violente para atender demandas insanas. Não se diminua ou não se flexibilize tanto para atender desejos insensatos.

Na canção *Deixei de ser cowboy por ela*, Chitãozinho & Xororó retratam bem essa questão. Mesmo submetendo-se a todos os desejos da pessoa amada, ainda assim não há garantias que o amor irá florescer ou permanecer; veja:

"Deixei de ser cowboy por ela
Parei de viajar por ela
Larguei minha paixão por ela
Deixei de ser feliz por ela
Assim eu me enganei por ela
Por isso resolvi voltar
São segredos da paixão
Por eu não ser mais peão
Ela resolveu me abandonar".

O casamento é uma sociedade em que ambos são responsáveis pelas decisões tomadas e pelas não tomadas. Pelas vozes gritadas e pelas vozes silenciadas. As omissões, as leviandades e os insucessos devem ser divididos igualmente. Partes iguais! É a leitura mais justa para ambos, pois a balança deve pender pela igualdade. As relações de hoje são mais exigentes do que as do passado, têm mais pressão, mais cobrança, mais *tem que*. *Tem que isso, tem que aquilo, tem que aquele outro*. Uma infinidade de *tem que*.

Para uma relação ter sucesso, ambos devem contribuir o tempo todo. É como uma empresa que a todo momento tem que se reinventar para continuar competitiva e viva. É bom ter algo a mais para doar, para contribuir. É prudente ter um coelho na cartola ou uma carta na manga. *São as pequenas mágicas que distraem o público*! É muito importante ter um relacionamento, mas estar bem, sentir-se completo e feliz, talvez seja mais relevante do que o próprio relacionamento. Felicidade não deveria ser uma meta, e sim uma consequência. Assim como o céu, que possivelmente não seja um lugar, e sim um estado de ser.

O conceito de felicidade modificou-se. Encheram-na de necessidades e regras.

Para sentirem-se bem e preenchidos, muitos *têm* que ter todas as suas vontades atendidas. Todas! Não toleram nenhuma frustração. "Tenho que pensar em mim em primeiro lugar", dizem. Sem dúvida, temos que pensar em nós, mas não sempre. Se observarmos com mais profundidade esse tipo de pessoa, veremos que nunca é feliz, já que as necessidades estão sempre se modificando. Isso é loucura. Além de desgastante o processo, ele não tem fim.

Quem consegue atender todas as necessidades de um carente? O que é a carência, senão um vazio dentro de si? Impossível uma pessoa sozinha atender todas essas demandas, que são amores não preenchidos de tempos atrás, da primeira infância. Hoje, ressurgem vorazes e insaciáveis. Quanto mais se alimentam, mais fome têm! Quantas regras para serem felizes.

LEMBRE-SE:

- Todos possuímos aspectos tóxicos. Pare de procurar os seus no outro. Cada um deve procurar encontrar os seus em si mesmo.
- Muitas pessoas tanto policiam a si e aos outros que acabam criando suas próprias prisões.
- Qual atitude é mais madura? A que colabora ou a que sentencia?

SERÁ QUE EU NÃO TENHO QUE AJUDAR A CONSTRUIR O AMOR QUE EU JULGO MERECER?

Capítulo 13

REAÇÕES PÓS-BRIGA

Não confunda briga com luta: briga tem hora para acabar, luta é para uma vida inteira.
Sergio Vaz

Durante anos escuto e observo como os casais discutem. Este tema é fascinante, é incrível observar as curiosas maneiras de brigar. Cada pessoa tem sua forma, cada um expressa seu descontentamento e sua indignação de algum jeito. Curiosamente, as formas raramente combinam.

Quem observa, aprende!

Como permanecem juntos depois das tempestades verbais? Como reagem? O que vem depois? Que comportamentos emergem? Como acham seus espaços para processarem as frustrações? Como fazem para relaxar depois de seus atritos?

Muitos casais, por mais que trilhem o mesmo caminho, parecem mais rivais do que parceiros.

Abaixo, algumas das reações mais comuns vividas no consultório, citadas pontualmente pelos pacientes:

Olhar para a mala achando que é uma excelente saída. Ligar para os pais pedindo colo, ou talvez querendo dizer: "Vocês me ensinaram a ter conflitos, agora, me mostrem como resolvê-los". Correr para a geladeira em busca de seu precioso líquido fermentado ou destilado, ou outras drogas ainda mais danosas, *dizendo para elas* que são as únicas que os entendem. Gritar a ponto de o quarteirão inteiro ouvir, como se quisessem cúmplices ou juízes favoráveis à sua causa, ou somente para chamar atenção. Fingir não escutar os apelos justos para modificar um comportamento danoso. Sair de casa batendo a porta, porque sabem que a porta não consegue revidar, mas que a vontade mesmo era de bater no cônjuge. Agredir as primeiras criaturas com que cruzam pelo caminho, podendo ser familiares, animais, colegas de trabalho ou mesmo outros motoristas no trânsito. Correr desesperadamente buscando soluções fáceis em pessoas oportunistas, que só esperam o vento virar para surfarem na onda de frágeis criaturas carentes de afeto. Dizer que vão embora. Ou realmente ir. E outras formas, tanto trágicas quanto cômicas.

∞

UM CASO NO CONSULTÓRIO

Milena, arquiteta, sempre gostou de motocicletas. Aprendeu a gostar delas com seu avô.

— Não consigo me controlar, sinto-me imatura nas discussões — disse ela franzindo o cenho. — Falo um monte de bobagens das quais acabo me arrependendo depois; as palavras saem da minha boca livremente e sem limites. Então, depois das guerrilhas domésticas, saio com minha moto para me acalmar. O cheiro da vegetação, das matas, dos rios, da terra são verdadeiros anestésicos para minhas angústias. Esses elementos da natureza são os medicamentos que encontrei para sanar minhas frustrações de casa. O vento no meu rosto e o calor do sol na minha pele revigoram e acalmam meu inquieto coração. Dói-me brigar com meu marido, sinto-me muito mal. Saio enfurecida de casa, mas, ao retornar, meu coração está aliviado e em paz, não tendo mais vontade de discutir. Meu marido acha estranho, mas diz que me admira por isso. Minha ansiedade faz com que eu tenha incontinência verbal, faz proferir xingamentos espontâneos e falar sem pensar. Para agravar, meu marido é muito sensível a palavrões. Li, certa vez, que dizer palavrões faz bem e que as pessoas que os soltam são mais felizes. Ele não acredita nessa ideia, mas eu sim! — disse rindo.

∞

Rose, esteticista, relata o que faz toda vez que discute com seu esposo:

— Eu entro no meu carro e ando pela perimetral da cidade. Olho distraidamente para a natureza, enquanto fico ruminando e processando o dito e o não dito. Fico pensando que deveria ter dito isso e aquilo. Isso me acalma.

Rose encontrou seu espaço e seu momento reflexivo para depurar as coisas ruins que acontecem em casa.

— Nunca pensou em jogar seu carro contra outro? — perguntei levemente preocupado com seu comportamento.

— Não! Nunca me passou pela cabeça. Ao dar essa volta de cerca de 30 km, voltava mais renovada e leve. Ao retornar, não tocávamos no assunto da discussão, ao menos naquele dia.

Ela encontrou sua maneira de liberar as cargas dos conflitos. Seu marido reconhecia que, saindo de casa, as coisas ficavam mais aliviadas.

— Ele tem o jeito dele, eu tenho o meu! Ele diz que concorda que eu faça isso, mas sempre reclama da gasolina que gasto.

— Podia ir a pé, me disse ele certa vez. Eu ri debochadamente — concluiu.

∞

João Pedro, um jovem médico de natureza belicosa, depois das discussões tensas com sua esposa, saía de casa para correr a pé pelas ruas e pistas da cidade.

— Faço de dez a doze quilômetros porque preciso de ar puro, de espaço para não fazer besteira. Na corrida encontrei uma forma de liberar os hormônios do stress. Depois de uns trinta minutos, as endorfinas começam a me dar sensações de prazer. Volto da corrida sem vontade de brigar. Assim, consigo conversar em um outro tom e posso ouvir melhor o que a minha esposa gostaria de dizer. Depois da corrida, meus ouvidos aumentam de tamanho — acrescentou.

— Sou brigão, realmente. Lembro que, na casa dos meus pais, as brigas eram diárias, e brigavam por tudo. Infelizmente sou assim também, mas nunca toquei um dedo na minha esposa e jamais chegarei até este ponto.

— Não posso negar, eu gosto das brigas. O sexo é melhor depois das discussões, o medo que temos de perder um ao outro nos aproxima. Durante o sexo, consigo entregar meu melhor e percebo que ela também. Acho que vou continuar brigando – completou com estrondosa gargalhada.

∞

O bancário José também encontrou algo fascinante para liberar as cargas dos conflitos domésticos. Pai de três lindas, inteligentes e falantes filhas, encontrou na Terapia da Floresta uma maravilhosa técnica para relaxar no pós-briga:

— Encontrei um vídeo do Globo Repórter, apresentado pelo repórter Márcio Gomes. O pequeno documentário mostra que no Japão existem florestas que ganham selo de "Floresta Certificada para Tratamento".

— Os efeitos benéficos sobre o sistema imunológico podem durar até um mês após um simples passeio pela floresta. Um banho de mata aumenta o número de células *Natural Killers*, que são células que combatem infecções e tumores. Também há um aumento de mais de cem por cento da atividade do sistema nervoso parassimpático. Esse sistema tem a função de medir o nível de relaxamento — explicou.

— Ainda, ocorre uma redução de dezesseis por cento dos hormônios do stress, uma diminuição de dois por cento da pressão arterial e quatro por cento da frequência cardíaca. No Brasil, uma das maiores pesquisas nesse campo é feita pelo Instituto Chico Mendes de Conservação da Biodiversidade (ICMBIO) — acrescentou.

— Existe uma verdadeira farmacologia disponível nas florestas, dando-nos a possibilidade de fazer medicina preventiva. São as chamadas *fitocidas*, que são aromas liberados pelas plantas e árvores. A mais incrível descoberta é que os benefícios se dão através do olfato, dos cheiros que podemos sentir das matas, dos rios e dos diversos aromas disponíveis para serem desfrutados gratuitamente — continuou demonstrando seu conhecimento sobre o tema.

O bancário revelou que quando faz suas atividades na floresta, sempre retorna feliz. Basicamente, não se lembra das discussões do lar ou da grave pressão que sofre no ambiente de trabalho.

— É um estado natural de felicidade, meu desejo é morar lá, não voltar mais — confessou murmurando baixinho.

∞

O resumo de todos esses elementos é que é imperativo encontrar um espaço saudável, seja na ioga, no recolhimento conciliador, nas divertidas e benéficas companhias, nas caminhadas, nas pedaladas, nas *peladas futebolísticas* das quintas ou no vôlei das quartas em que o suor libera toxinas físicas e psíquicas. Energias renovadoras são produzidas e captadas.

São espaços terapêuticos, também, as confrarias das sextas, onde um amontoado de deliciosos exageros é contado, o riso corre solto, o julgamento fica do lado de fora e a zoação não é entendida como *bullying*. Nesses locais, a tristeza não tem vez nem voz, e uma espécie de irmandade afetiva é instituída. Nesses espaços, doses homeopáticas de bem-estar e de cumplicidade são servidas, regadas de uma ou outra taça de vinho ou cerveja, na justa medida da necessidade do momento. Às vezes, nem sempre justas, afinal, os exageros ocorrem eventualmente sem que se possa condená-los por isso.

Vale para os homens e para as mulheres! Nesses lugares, encontramos um precioso *medicamento* chamado amigos, que o vento ou o tempo não leva para longe. Se leva, traz de volta; tanto física quanto mentalmente, na etérea saudade. Quem os têm sabe o seu extraordinário valor!

> O AMOR É COMO A VIDA, É MATÉRIA INFINITA.

Quem aprendeu os mecanismos do amor pode desfrutá-lo. Quem ainda não, deve continuar procurando. Acredite, compensa a busca!

Demonstrar pequenas gentilezas, seguramente faz com que a relação se torne mais gostosa e a vida conjugal mais leve. Muitas vezes, as coisas se mostram simples para resolver, embora muitos insistam em complicar e aumentar os conflitos.

Coisas inesperadas dão um colorido especial ao dia, alimentam a autoestima da pessoa que dedica uma vida ao relacionamento: o cônjuge. Mesmo que seja hábito difícil de instituir, sempre que lembrar, procure elogiá-lo sem motivos, sem segundas intenções. Pequenas doses de generosidade e de reconhecimento aumentam a admiração do outro.

A ajuda com terapeutas também é uma possibilidade disponível. Entretanto, nem todos que a buscam querem de fato melhorar. Mudar requer abandonar comportamentos, implica entregar uma melhor versão de si mesmo.

COMO MUDAR A VIDA SEM MUDAR COMPORTAMENTOS?

Mudar necessariamente exige abandonar algo. Ao invés de mudar, alguns recuam; entendem que ir adiante é tarefa difícil e o progresso pessoal e conjugal acaba estagnado. Quando um cresce, o relacionamento amadurece, embora somente até um ponto. O crescimento deve ser de ambos. Quando só um amadurece, o outro vai ficando para trás. Um distanciamento crônico entre ambos pode se instalar, que possivelmente levará à ruína da relação.

Não importa a situação, não importa a natureza ou o motivo do conflito, sempre existe a possibilidade de se fazerem escolhas, decidir ir noutra direção. Dar um novo destino àquilo que desacomoda a relação.

Lembrando que, enquanto o bem existir, o mal tem possibilidades de cura e um tem evoluído com o outro. Este dualismo é uma experiência muito rica e interessante de se observar. Até onde sabemos, ambos coexistem e se experienciam constantemente.

A clássica questão ressurge inquieta: o que seria do bem se o mal não existisse?

Nos relacionamentos, com frequência os erros são compreendidos como um mal, como um demônio que os atormenta ou algo desta natureza. Entretanto, os erros demonstram os obstáculos que ainda não vencemos, que recaímos nos mesmos pontos. Por outro lado, nos mostra a lição que nos fará crescer. Grandes conquistas pessoais e coletivas são descobertas a partir dos erros.

Sobre os erros, temos um interessante trocadilho entre o Superego e o Ego:

— Se eu tivesse a maturidade de hoje, não teria errado tanto — disse o Superego.

— Se você não tivesse errado tanto, não teria a maturidade de hoje — completou o Ego.

Ambos acabaram concordando um com o outro e orgulhosamente perceberam-se sábios.

LEMBRE-SE:

- Os castigos que um impõe ao outro são danosos, e não há prazer no silêncio punitivo.
- Alinhar e ajustar! Ajustar e alinhar! É isto que devemos fazer para ter um relacionamento estável, duradouro, com qualidade.
- Sempre temos escolhas, só precisamos optar por uma saudável, somente uma.

O COMPANHEIRO(A) É A REPRESENTAÇÃO MATERIALIZADA DO AMOR DISPONÍVEL.

Capítulo 14
EXCELÊNCIA

A disciplina e a persistência são irmãs-gêmeas da excelência.
Autor desconhecido

Naquilo que se faz repetidamente, com persistência, foco e dedicação, é provável que a excelência aconteça de forma natural, é uma consequência inevitável.

Um cirurgião, por exemplo, após dezenas, centenas ou milhares de cirurgias estará no ponto ótimo da maestria, da excelência. Um neurocientista, certa vez, afirmou que para ser um verdadeiro mestre em algo no seu ponto máximo, é necessário ter mais de oito mil horas de treinamento — a quantidade de horas exatas ainda é incerta e discutível. Estatísticas à parte, o que isto quer dizer? Que qualquer indivíduo que repetir qualquer atividade com frequência certamente ficará ótimo naquilo a que dedicou tempo e atenção.

Malcolm Gladwell, em seu livro *Outliers* — um *best--seller* pelo New York Times —, discorreu sobre a regra das 10 mil horas. Segundo ele, para ser ótimo em algo, o ser humano necessita investir aproximadamente oito horas por dia, todos os dias, durante quatro anos. A ideia virou uma febre mundial após a publicação de seu livro em 2008, tornando-se um mantra, um estilo de vida para vários alunos, coaches e empreendedores. Todavia, essa afirmação também se tornou discutível: muitos se mostraram contra, pois acreditam que em menor tempo podemos atingir a maestria.

Para os que têm dificuldades de criar novos hábitos, parece uma *Missão Impossível*, só mesmo Tom Cruise para ter êxito. Afirmações ou contraposições à parte, uma coisa é certa: se alguém quer realmente ser bom em algo precisará estudar, observar, dedicar-se por muitas e comprometidas horas. "O sucesso é a soma de pequenos esforços, repetidos dia sim e, no outro dia, também" (Robert Collier).

Tudo parece reduzir-se a uma espécie de treino, foco e dedicação, tanto para os aspectos bons quanto para os ruins. A regra tem sido a mesma. A comunicação e o diálogo entre o casal, por exemplo, podem ser treinados para serem manifestados com suavidade ou com tons de agressividade. Comunicação violenta ou não violenta.

Podemos deduzir que a agressividade pode ser uma escolha. Podemos treinar a excelência tanto para os aspectos negativos quanto para os positivos. Podemos negar algumas realidades óbvias ou que não compreendemos, ou até mesmo fazer *vista grossa* para tantas coisas que não queremos enxergar. É um mecanismo de defesa bizarro.

> NEGAR É BLOQUEAR O CÉREBRO PARA ALGUMA POSSÍVEL REALIDADE. AQUILO QUE SE NEGA, NÃO SE TREINA.

Caso uma direção seja negada, tudo o que poderia ali existir não será observado e tornar-se-á invisível. Um exemplo: muitos acreditam que há possibilidade de existir vida em outros planetas ou galáxias, e que a probabilidade da humanidade ser contatada por outras formas de vida pode se dar a qualquer momento. Se alguém estudar com curiosidade e com afinco, terá tantas informações que poderá tornar-se um mestre nesse tema. Agora, caso negue a possibilidade, fechará totalmente os olhos e os ouvidos para ela.

Grande parte das pessoas nega qualquer possibilidade diferente daquilo em que aprendeu a acreditar. Estes também ficarão *pós-graduados* em negar algumas realidades que, em tese, poderiam existir.

Não há possibilidade de ficar excelente naquilo que foi negado para si mesmo. É uma exclusão mútua: um do outro.

∞

Uma pessoa que reclame do tempo, dos governos, dos familiares, do trabalho, dos colegas de profissão, etc., estará se tornando um excelente reclamante. Quando algo é feito repetidas vezes, um caminho para a excelência está sendo construído. Esse é o ponto crucial, tanto para construções positivas quanto para negativas.

Num relacionamento, algumas pessoas são ótimas em criticar e julgar. Muitos são negativamente qualificados em ter ciúmes, em desconfiar, em criar historinhas na mente de que estão sendo enganados pelo parceiro. Outros não são nada colaborativos em casa. Alguns, comportam-se de forma solitária pensando somente em si mesmos, mesmo estando em um relacionamento.

E quanto aos abandonadores? Os que abandonam com facilidade situações relativamente complexas? Desistem quando se defrontam com eventos que exigem um pouco mais de si? Diante de uma frustração minimamente impactante, fazem o quê? Abandonam o barco ao verem as tempestades se desenhando no céu, sendo que muitas vezes eram somente nuvens que nunca se tornariam uma tormenta.

OS ABANDONADORES SÃO EXCELENTES EM ABANDONAR!

Há os que são mestres em não prestar contas dos seus comportamentos, em não saber cuidar do companheiro(a), em negar elogios ou em usar uma comunicação de tom agressivo. Observe que, com o passar dos anos, essas pessoas obtiveram excelência nos aspectos danosos para si e para os que estão próximos.

Há quem seja desorganizado financeiramente, sempre atrapalhado com suas contas, incapaz de se organizar nas finanças. Também, há os que com frequência reclamam, são rancorosos, ressentidos, magoados, negativos, pessimistas, vítimas, orgulhosos e briguentos. Ambos estão se especializando para serem ótimos no que tanto fazem.

Em todos os lugares encontramos indivíduos que treinaram seus olhos para enxergarem somente o lado triste das situações, ou o lado negativo das pessoas. Muito em breve seus olhos terão capacidade clínica para ver somente a negatividade e não a positividade das pessoas e das situações. Mestres para enxergar tão somente os aspectos ruins. É uma especialidade lamentável. São escolhas.

> ESCOLHAS RUINS ATRAEM DESTINOS DESVENTURADOS.

Se toda vez que alguém, ao aborrecer-se com outro, começar a isolar-se, a ignorar, a punir com afastamento, como saindo do grupo do *WhatsApp*, logo estará dando preciosas lições de autoexclusão. Será um mestre em excluir pessoas de sua vida. Cabe lembrar que todo aquele que exclui, por natural consequência, também acaba colhendo os amargos frutos da exclusão, isolamento e solidão.

> ALGUMAS PESSOAS SÃO ÓTIMAS EM CAUSAR DOR NOS OUTROS, AFINAL, TREINAM PARA ISSO.

Se uma pessoa não se ama ou não tem boa autoestima, é seguro afirmar que é assim desde criança. Foi orientada a olhar mais para seus defeitos do que para suas qualidades. Não foi capacitada a amar-se tal como era, pelo contrário, foi estimulada a olhar para aquilo que supostamente parecia ser um defeito, foi treinada a valorizar aquilo que nominaram como algo ruim. Aprendeu a olhar para aquilo que não tinha, ao invés de valorizar o que possuía, acabando por desenvolver uma autocrítica muito severa. Para olhos treinados, não há como esconder quando uma criança não foi amada.

> O AMOR RAIZ, A BASE DE TODOS OS AMORES, É, SEM DÚVIDA, O AMOR-PRÓPRIO.

Uma curiosidade: os pais que criticam aspectos ruins dos filhos mal percebem que estes padrões que eles desaprovam foram copiados deles próprios! Pura ironia. O fato é que essas crianças ficaram excelentes em cobrar de si níveis altíssimos de exigência, ocasionando baixa autoestima e duvidosa autoconfiança.

O amor-próprio tem sua origem no amor recebido dos pais, especialmente da mãe.

∞

Paralelamente, com tranquilidade podemos dizer que todos nós conhecemos pessoas maravilhosas, atenciosas, benevolentes e solidárias. O que não conhecemos é o quanto cada uma dessas pessoas treinou esses aspectos. Seria possível contar quantas horas de treino foram dedicadas, com paciência e dedicação, para atingir tão notável qualificação? Certamente durante anos ou uma vida inteira.

Muitos, mais amadurecidos, estão constantemente olhando para dentro de si com uma intenção sincera de entender a origem de alguns comportamentos e de algumas atitudes das quais desgostam. Buscam, a todo instante, tornar-se pessoas melhores para si e, consequentemente, para o relacionamento e para a sociedade. Têm a mente voltada para o coletivo, para o bem comum. Estão treinando para serem modelos admiráveis nestes aspectos.

Há os que dedicam sua vida para observar como funcionam as dinâmicas do universo, das galáxias, do nosso sistema solar, do nosso planeta. Outros estudam as dinâmicas das pessoas, como funcionam, como reagem, como se formam os comportamentos e como lidam com os sentimentos. Ambos que estudam e que observam, tornar-se-ão *experts* nesses temas.

Cabe a cada um decidir qual caminho quer seguir, quais comportamentos, atitudes, sentimentos ou padrões deseja treinar para a tão sonhada excelência. Cabe, então, observar para quais aspectos da vida a excelência está sendo construída.

Dizem por aí, à boca pequena, que a perfeição é atributo exclusivo dos deuses. Talvez seja, mas excelência não é perfeição. Pode-se pensar que a excelência está madura não quando não há mais nada a acrescentar, e sim quando não há mais nada que se possa retirar.

LEMBRE-SE:

- Nós somos o que fazemos repetidamente, com doses diárias. Dessa forma, a excelência torna-se um hábito natural.
- A excelência é uma construção diária, ininterrupta e que normalmente materializa os propósitos desejados.
- Grandes resultados foram construídos pela rotina, pela determinação. Ela é a responsável pelo sucesso de muitos.

ALMEJAR INSANAMENTE A PERFEIÇÃO É INVEJAR OS DEUSES.

Capítulo 15

BRIGAS

Um único momento de reconciliação vale mais do que toda uma vida de amizade.
Gabriel García Márquez

Brigar é, naturalmente, uma palavra que muitos consideram feia. Na verdade, nenhuma palavra é feia ou bonita, são somente palavras. O que torna uma palavra bonita, detestável ou nojenta é o significado que se dá segundo a vivência que uma pessoa teve com ela.

Se uma criança teve uma experiência ruim, por exemplo, a de ficar presa numa caixa com uma linda borboleta azul e ambas se debaterem muito tentando sair, para ela, ouvir *borboleta azul* poderá evocar uma sensação desagradável. A palavra parece ser linda, mas não é para essa criança.

Por outro lado, se outra criança teve uma cobra como animal de estimação e, ao lembrá-la, memórias felizes vêm à sua mente, a palavra *cobra* sempre lhe soará agradável e trará boas lembranças. Contrariamente a isso, para tantos outros poderá trazer angústias ou repulsas; jamais será prazerosa como é para a criança que tem lembranças felizes do seu animal.

> O PRAZER OU O DESPRAZER COM ALGO ESTÁ DIRETAMENTE LIGADO ÀS EXPERIÊNCIAS COM O OBJETO EM QUESTÃO.

A palavra *brigar* sugere disputas, violências, conflitos e, para muitos, dor. Entretanto, ao consultar o dicionário, um dos conceitos nominados para a palavra é: "Forçar ou intrigar para obter algo". Quem briga necessariamente quer algo. Há, portanto, um objetivo; o conflito não é gratuito.

Invariavelmente, nos conflitos os dois lados que disputam estão buscando algo que lhes falta, alguma necessidade não preenchida. Um pode querer a guerra, o outro a paz.

Algumas pessoas sentem a presença do amor nas entrelinhas das brigas, interpretam os conflitos como sendo uma forma de obter atenção e carinho. Para esses, é na briga que reconhecem o amor. Para outros, brigar é sentir somente sofrimento, nada mais. Uns querem o entendimento, outros querem a discussão. Uns precisam do silêncio, enquanto outros necessitam do ruído. Em todos os casos, os conflitos revelam desejos não atendidos.

Todo casal tem seus momentos de hostilidade. Até certo ponto isso é normal. Anormal é passar dos limites, é ir até a instância onde começa algum tipo de agressão, que pode ser verbal, moral ou física. Isto é grave. É outra definição, outro contexto e não será abordado aqui. A violência doméstica já é um conceito claramente condenado e não necessita de maiores digressões.

> TALVEZ O PROBLEMA NÃO SEJA BRIGAR, E SIM NÃO SABER BRIGAR.

Um exemplo perfeito para mostrar são as crianças. Como elas brigam? É interessante observar e aprender com elas.

As crianças são maravilhosas, mesmo ao brigarem. Elas são a renovação da humanidade, da raça, mostram o novo, trazem um olhar contemporâneo sobre velhas questões, tanto na forma de agir quanto no jeito de pensar.

∞

Certa manhã, como acontece sempre, Pedrinho, no seu hábito ritualístico, dirige-se à casa do Marquinhos. Brincam, jogam, riem, disputam e, é claro, brigam às vezes.

A questão toda é: como é que eles brigam? Como se manifesta a dinâmica dos seus conflitos?

Normalmente, a questão inicial das brigas entre as crianças desenrola-se da mesma forma que entre os adultos. Alguém feriu alguém, ultrapassou um limite que não deveria, em palavras, em comportamentos, houve um desrespeito ou uma quebra de contrato. O introito é basicamente semelhante ao universo dos adultos, preservadas as devidas proporções de idade e de consciência.

A temática principal não é exatamente o que foi dito, cobrado ou acusado. Estas coisas fazem parte dos conflitos. A tônica principal é como ficam depois das brigas, como se comportam, quais reações surgem, o que fazem com o que foi dito e escutado. Este é o grande ponto, o xis da questão, como se diz. Como se comportarão depois, no pós-briga? Que novas dinâmicas serão evocadas?

Esse é um dos pontos nevrálgicos em que o ser humano é testado no seu real grau de maturidade. Neste momento, a humanidade do ser é submetida a um profundo teste moral, emocional e comportamental. Neste instante o real se revela. O profundo se evidencia e, talvez, algum aspecto sombrio pode emergir.

Como o Pedrinho e o Marquinhos resolvem sua briga? Eles resmungam, acusam-se, e talvez um jogue o brinquedo no outro. Mas o que acontece depois? Em instantes estão juntos de novo, estão brincando e até rindo. Se foi algo mais grave, Pedrinho vai embora e volta à tardinha, uma vez que para eles nada é mais importante do que o amor, a amizade que construíram e o carinho que um tem pelo outro. E voltam resolvidos!

Isso é magnífico nas crianças. Se a gravidade do desafeto é mais séria, Pedrinho retornará apenas no dia seguinte, mas regressará limpo de mágoas ou de sentimentos pesados. Caso ainda esteja chateado, recomeçará a amizade com desconfiança, mas com suavidade. Rapidamente se reconstroem. Que dinâmica maravilhosa! Há muito que aprender aqui. Porém, pode haver uma intromissão!

Os pais, na sua quase infinita sabedoria, normalmente querem resolver uma briga simples das crianças. O ideal é orientar para que eles mesmos se resolvam, e acredite, eles se resolvem. Todavia, em muitas situações, os pais intrometem-se no conflito e orientam seus filhos a não mais se relacionar com aquele amigo. Caso o pai ou a mãe tenha um perfil separador ou abandonador, seguramente irá orientar para que o filho nunca mais volte a se relacionar com o amigo.

Quantas valiosas amizades infantis são desfeitas pela simples intromissão, sem necessidade, de alguns pais! Treinam seu filho a pensar e a agir, de forma que, nas dificuldades, o melhor é separar-se, ignorar ou punir o outro. Seria isso um exemplo de maturidade?

Muitas pessoas têm facilidade para descartar pessoas, para virar a chave, para *deixar no vácuo* por semanas, meses, anos e talvez para o resto da vida. Elas foram treinadas para abandonar, treinadas para excluir, treinadas para ferir. Tais comportamentos são imaturos e primitivos.

Sempre estimular o diálogo. Sempre!

COMO OS CASAIS APARENTEMENTE ADULTOS REAGEM ÀS BRIGAS?

Muitos são destrutivos e autodestrutivos. Os mais imaturos ameaçam separar-se e correm para a casa dos pais (dão trabalho para os pais, diga-se). Alguns se emburram por horas, dias ou semanas, punindo com indiferença e outras condenações, inclusive com castigos no departamento do sexo. Muitos deixam de fazer pequenas gentilezas que faziam corriqueiramente. Outros ignoram o cônjuge em um isolamento punitivo sem fim, como se estivessem impondo um merecido castigo. Vários surtam, ao ponto de colocarem o cérebro em risco ou correrem para o álcool e outras drogas. Os mais trágicos e manipuladores pensam ou tentam suicídio. A verdade é que nem sempre o motivo do conflito é necessariamente um grande problema. Porém, a reação que algumas pessoas têm pode realmente ser algo traumático.

Entretanto, existem pessoas de bom senso, os maduros emocionalmente. Existem brigas ajuizadas, sensatas. São compreendidas aquelas que não possuem natureza punitiva, pois utilizam-nas para se entenderem, para se acertarem, para ajustarem os pontos discordantes, para ficarem em paz e mais leves. Esses casais entenderam que os conflitos e as discussões fazem parte do amadurecimento da relação. Eles compreendem os conflitos e procuram administrá-los sem maiores ameaças, destruições, que cada um faça sua parte. Entendimentos dessa natureza revelam o grau de amadurecimento do casal.

> PARA PESSOAS MAIS AMADURECIDAS, O OBJETIVO DOS CONFLITOS É A PAZ.

Na prática, nem todos os casais funcionam assim. Normalmente, um é mais responsável do que o outro, não sendo difícil perceber quem está um passo à frente nesse sentido.

É *mister* compreender que os debates mais acalorados fazem parte dos relacionamentos. Cabe então dizer que é um direito e um dever de ambos tratar com responsabilidade esses momentos, que podem ser fatídicos para a relação.

A maturidade reside em não criar nenhum contexto que coloque a relação ou a si mesmo em risco.

Por vezes, tem que se pensar sobre aquilo que o casal tanto discute, fazer um exercício mental. Será que depois de alguns dias terá relevância? Caso não tenha, o motivo da briga é fútil e não merece atenção, deve ser esvaziado, jogado na caixa das insignificâncias.

∞

Basicamente, todos possuem um modelo idealizado de amor. Idealizar significa atribuir exageradamente características ou virtudes ao outro, o qual poderá não as ter. Criamos uma imagem e nos relacionamos com a fantasia que nutrimos da criatura, que nem sempre corresponde à realidade. Muitos não se relacionam com o indivíduo real, e sim com essa imagem que foi fantasiada. Geralmente a pessoa idealizada não possui tudo aquilo que seu idealizador enxerga, uma vez que é somente ele que a vê daquela forma.

No dia a dia, a fantasia que foi colocada no outro vai caindo e revelando a dolorida verdade. O que tanto se evitou enxergar, agora desnuda sua real imagem.

As máscaras que hoje acusamos de falsas, são as mesmas que ontem nós mesmos colocamos. São as imagens que nós mesmos projetamos sobre o outro.

É muito dolorido *descortinar* as máscaras. É comum ouvir: "Fui enganado". Sim, foi; por você mesmo, justamente pela fantasia criada, alimentada, e pela realidade não percebida! Avistar, descobrir, entrar em contato com a triste realidade, são processos angustiantes. Não ver é mais cômodo. "A verdade que fere é pior do que a mentira que consola" (Chico Xavier).

Pelo elevado crescimento das separações, conclui-se que os casais não possuem ferramentas adequadas para lidar com os conflitos que eles mesmos criaram.

Nas brigas, o ser humano ainda se mostra demasiadamente reativo, vingativo, excludente, separador, destrutivo e autodestrutivo. Há que se abrandar esses comportamentos com a compreensão de que o conflito é apenas uma etapa do crescimento, e não uma ruptura.

∞

Cada relação tem sua singularidade. Seu jeito de ser. E não há jeito certo de expressar o amor, o carinho, o afeto. Cada casal tem seus costumes e ninguém tem o direito de interferir, a não ser que seja chamado para tal.

A felicidade depende mais de si mesmo, das próprias capacidades e inteligências, do que de qualquer coisa que venha do mundo externo.

O que vem do mundo externo não oferece garantias de êxito.

Há um anseio natural pela felicidade, mas uma coisa é certa: ela não vem pronta. Necessita que seja construída primeiramente dentro de si mesmo. Depois, deve-se ter a percepção de que pode levar um certo tempo para que a relação idealizada se materialize.

A construção da felicidade está ligada diretamente ao autoconhecimento. Descobrir os caminhos que trazem felicidade é um dos grandes benefícios do processo de conhecer-se. Uma trilha segura para seguir é aquela que leva à paz. As escolas filosóficas são unânimes quanto a isso: conhece-te a ti mesmo. Essa busca faz sentido!

> ENCONTRANDO O CENTRO DA PAZ, CORRE-SE O RISCO DE ENCONTRAR UMA DAS MAIORES FORÇAS DO UNIVERSO: O AMOR.

Assim como as flores esperam pelas abelhas, em última instância, também esperamos pelo amor. Ele pertence a todos, porém, procura dar seus deleites aos que amam verdadeiramente. Permite que o experimentem desde que seja respeitado, caso contrário, quando o abandonam, ele se vai e aceita que conheçam o vazio da sua ausência. Quem o perdeu, sofre o desgosto da desilusão. Se o intelecto é conhecido por ser uma bênção na vida das pessoas, o amor é a maior dádiva que podemos experimentar. Ele é, por si mesmo, uma luz que todos podemos perceber, contudo, nem todo aquele que o deseja conseguirá vivenciá-lo no cotidiano de sua vida ou no seu relacionamento. O amor pode ser compreendido como uma *entidade* que responde aos que o chamam. Ele é uma força disponível, portanto, devemos invocá-lo. Se o buscarmos, nós o acharemos escondido entre todas as coisas.

Entretanto, o amor não possui outro desejo senão que as pessoas conheçam e experimentem a paz que ele carrega em si mesmo. A dor é fiel escudeira de muitos! E o que é a dor senão a ausência do amor? O que é a desilusão senão o silencioso vazio deixado quando nos afastamos dele? E quando choramos lágrimas dolorosas que escorrem pela face, não é pela sua perda?

Esta obra em si é uma semente, que no mais íntimo de sua alma carrega o desejo de se tornar, um dia, uma bela e frondosa árvore. Se souber colher seus frutos, poderá sorvê-los com o mesmo sabor que a terra quente saboreia as chuvas refrescantes de verão.

É preciso ter olhos para vê-lo. É necessário ter ouvidos para ouvi-lo e, sobretudo, coração para senti-lo.

Querido leitor! Aqui encerra, por ora, nossa jornada. Agradeço imensamente por você me acompanhar até o fim desta obra. Despeço-me com um *até breve*! Digo isto porque continuo a escrever...

Fim!

LEMBRE-SE:

- Nas brigas, até a verdade surge.
- A frieza de um pode indicar que foi profundamente ferido e que, agora, encontra-se na defensiva.
- Nem todas as frustrações são destrutivas, algumas são dádivas, livramentos.

É DIFÍCIL AMAR SE
O CORAÇÃO NÃO
ESTIVER EM PAZ.

vitrola
Editora

vitrolaeditora

VITROLA EDITORA E DISTRIBUIDORA LTDA.

Rua das Camélias, 321 — Aparecida — CEP: 98400-000
Frederico Westphalen — RS
Tel.: (55) 3744-6878
editora@vitrola.com.br
www.vitrola.com.br